화해

― 그림, 마음을 만나다 ―

―그림, 마음을 만나다―

화해

김선현 지음

메가스터디BOOKS

작가의 말

우리 모두에게 화해와 사랑이 필요한 시간입니다

저는 오랫동안 대학과 의료 현장에서 미술치료를 연구하고, 이를 통해 각기 다른 어려움에 처한 분들을 진료하며 관련 교육을 진행해 왔습니다. 그 과정에서 저는 심리적, 정신적 건강이 신체적인 건강에까지 큰 영향을 미친다는 것을, 그리고 우리 사회에 위로와 치유가 얼마나 필요한지를 절실히 느끼게 되었습니다.

많은 환자와 내담자분들 개인의 꽁꽁 숨겨두었던 많은 감정들이 해결되지 못하면 개인의 트라우마와 상처가 개인의 문제를 넘어 가정, 사회 문제로까지 확산되는 경우도 보았습니다.

지금 우리는 개인 사이의 용서를 넘어 모두

와의 화해가 필요한 사회를 살고 있습니다. 그 어느 때보다 사랑이 절실히 필요한 시기라는 생각이 듭니다.

    사람들은 보통 누군가를 용서하고 내면의 상처를 치유하는 일은 내가 마음만 먹으면 본인의 의지로 할 수 있다고 생각하는 경우가 많습니다. 그러나 진정한 화해라는 것은 단순히 내 의지대로만 될 수도 없고 강요한다고 해결되는 문제도 아니라는 것을 인식해야 합니다.
    나의 상처를 제대로 들여다보고 화해하기 위해서는 내면의 깊은 소리를 들을 수 있는 '나만의 시간들'을 갖는 것이 우선되어야 합니다. 이 시간은 외롭고 때론 고독하지만 꼭 필요한 시간들입니다. 마음의 면역력을 키우는 시간들이 필요한 것입니다.
    나에게 아직 아물지 않은 상처가 남아 있는데 상대를 무조건 용서해야 한다고 해서 용서할 수 있는 것은 아닙니다. 나를 아프게 한 일들과 트라우마가 치유되어 내가 스스로 용서할 수 있을 때 그때 비로소 자신과, 그리고 타인과도 화해할 수 있게 됩니다. 이 과정 없이는 나와의 진정한 화해도 불가능하고 다른 이들과는 더욱 화해할 수 없다는 것을 저는 실제 사례들을 보며 뼈저리게 느끼고 있습니다.

제가 많은 분들을 만나면서 가장 마음이 아팠던 때는 이미 지나간 것에 너무 집착하여 힘들어하는 경우였습니다. 그 시절에 자신을 가두어 두고 그 아팠던 시간에서 빠져나오지 못하는 것입니다. 그만큼 본인에게는 지금까지도 큰 상처로 남아 있는 것이겠지요.

또 힘겹게 상처를 딛고 나온 분들이 자신이 현재 행복하다는 사실을 미안해하는 경우도 적지 않습니다. 행복해지는 것도 연습이 필요합니다. 그동안 마음 아팠던 시간을 뒤로 하고 마음에 새살이 돋고 건강해져야 한다는 걸, 마음껏 행복해져도 된다는 것을 받아들이는 것도 시간이 필요한 일인 것 같습니다. 그 시간을 겪어냄에 있어 그림이 조금이나마 역할을 할 수 있고, 그 과정에 제가 함께할 수 있다는 것에 큰 보람을 느낍니다.

　이 책은 그림을 통해 내 마음을 들여다보고, 내가 갖고 있는 아픔이나 상처와 화해하는 시간을 가져보기를 바라는 마음으로 쓰게 되었습니다. 내용은 크게 네 파트로 구성되어 있습니다.
　첫 번째 파트에서는 '모든 것은 다 지나간다'라는 것을 이야기합니다. 상처받은 일들은 이미 지나갔고, 우리는 회복할 수 있다는 희망을 보여줍니다.
　두 번째 파트에서는 다양한 상처를 다루었습니다. 바쁘게 살아가느라 진정한 나를 만나는 시간을 갖지 못하는 경우가 많은데, 나의 상처와 대면하지 않으면 어른이 되어도 해결되지 못한 채 상처로 남아 마음이 아플 수밖에 없음을 담았습니다.

세 번째 파트에서는 '나도 행복해질 수 있다'는 것을 강조했습니다. 상처를 극복한 '나'는 더 행복하고 성숙해질 수 있음을 공유하고 싶었습니다.

마지막 파트에서는 스스로 당당한 '나'와 만나서 '나와 화해하는 법'에 대해 다루었습니다. 그리고 나로부터의 자유를 통해 타인과의 화해도 가능하다는 것을 이야기했습니다.

동양화, 서양화뿐만 아니라 조각 작품에 이르기까지 장르를 막론하고 폭넓게 작품을 소개한 것도 하나의 특징입니다. 또 대중들에게 많이 알려지지 않은 작품들을 골라 새로운 작품을 감상하는 즐거움도 독자분들에게 드리고자 했습니다.

우리 인생길은 하루도 쉽게 넘어가는 날이 없습니다. 그러나 그 시절의 경험은 끈질기게 나를 따라다니며 괴롭히는 상처로만 남는 것이 아니라 삶의 지혜가 될 수 있다는 것을 잊지 않았으면 좋겠습니다. 잔뜩 웅크리고 있는 내면의 나에게 '실패해도, 넘어져도 괜찮아.'라고 용기를 주세요. 그 누구보다도 자신을 사랑하고 자신을 존귀하게 여기고, 자신의 내면의 소리를 들어주세요. 이 책을 통해 저는 이러한 내면의 변화를 통한 치유의 힘이 결국 진정한 '화해'임을 담고 싶었습니다.

지난 2016년에 나온 책이 이번에 새로운 옷을 입고 독자분들과 다시 만나게 되어 무척이나 기쁩니다. 아무쪼록 이 책이 치유가 필요한 분들과 우리 사회에 조금이나마 도움이 되기를 진심으로 기원합니다.

2022년 12월

김선현

차례

작가의 말   우리 모두에게 화해와 사랑이 필요한 시간입니다   004

PART I.   모든 것은 다 지나간다

01	따스한 엄마 품이 그리울 때 —— 부모의 죽음	019
02	함께한 삶을 정리하다 —— 부모의 이혼	024
03	부모의 위로가 필요할 때 —— 무관심한 부모	028
04	사랑받고 싶어요 —— 편애	033
05	혼자서는 아무것도 할 수 없어요 —— 과잉 보호	039
06	나도 인정받고 싶어요 —— 타인의 시선	044

PART II. 상처받은 아이가 어른이 된다는 것

01	넘어져도 괜찮아 — 실패	055
02	견디는 것이 인생이야 — 시련	060
03	그 누구와도 마음을 나눌 수 없어요 — 고립감	064
04	몰입의 즐거움 — 의욕 상실	068
05	고요한 '혼자'의 힘 — 외로움	072
06	다시 사랑할 수 있을까요 — 실연	077
07	다른 삶을 선택하다 — 사랑의 상처	082
08	아픔도 힘이 된다 — 이별	086
09	새로운 사랑이 두려워요 — 이별 그리고 시작	091
10	세상과의 끈이 끊어진 듯해요 — 실직	096
11	헤어지고 싶지 않아요 — 사랑하는 이의 죽음	100
12	참을 수가 없어요 — 분노조절장애	104
13	기댈 데가 없어요 — 중독	108
14	하루도 쉬운 날이 없어요 — 우울증	113
15	부서진 나 — 몸과 마음의 고통	117
16	아무것도 하기 싫어요 — 무기력	122
17	마음을 터놓을 사람이 아무도 없을 때 — 고독	126

PART III. 너도 행복해질 수 있어

01	늙어간다는 것 —— **나이듦**	135
02	이제 아무도 믿지 않아요 —— **사랑하는 이의 배신**	140
03	다시는 볼 수 없어요 —— **아이를 잃었을 때**	146
04	나 자신이 원망스러워요 —— **가난**	153
05	아이도 나도 아파요 —— **육아 스트레스**	157
06	마음을 다스릴 수 없어요 —— **분노**	162
07	아름다워지고 싶어요 —— **외모 콤플렉스**	167
08	걱정 때문에 잠도 오지 않아요 —— **고민**	171

PART IV. '나'와 화해하기

01 과거와 작별하라 —— 새로운 시작   181

02 내 인생의 주인공은 나 —— 스스로 당당해지기   185

03 마음의 꽃꽂이 —— 아름다움을 즐길 권리   189

04 마음의 면역력을 키우는 시간 —— 고요함을 즐기기   193

05 새로운 세계로의 첫걸음 —— 숨고르기   198

06 잠시 멈춰 서보아요 —— 속도 조절   202

07 인생의 아름다운 변주곡, 사랑 —— 또 다른 시작   206

08 행복한 기억의 힘 —— 나로부터의 치유   210

09 상처받지 않은 삶은 없어요 —— 나와의 화해, 타인과의 화해   214

앤디 워홀

사람들은
시간이 모든 것을
바꾸어 준다고 말하지만,
실제로는
당신 자신이 모든 것을
바꾸어야 한다.

PART I.

모든 것은 다 지나간다

01

따스한 엄마 품이
그리울 때

부모의 죽음

비석들이 여기저기 보이는 묘지입니다.
선원 복장의 한 젊은이가 엎드려 울고 있습니다.
짐 보따리와 모자가 놓여 있는 걸 보니 이제 막 도착한 듯합니다.
그의 옆에는 검은 옷을 입은 누이가 기도하듯 무릎을 꿇고 앉아 있습니다.
그림의 제목에서 알 수 있듯이
바다에 나가 있던 어린 아들이 뒤늦게 어머니의 죽음 앞에서 오열하고 있습니다.

아버지의 모습은 보이지 않는 걸로 보아 어머니 홀로 남

아더 휴즈Arthur Hughes, 바다에서 집으로 돌아오다Home from Sea, 영국 애슈몰린 미술관

매를 키워온 것이 아닐까요.
어린 아들을 바다로 보내고 묵묵히 견뎌왔을 어머니를 떠올리면
엎드려 통곡하는 모습이 더 서럽게 다가옵니다.
이를 바라보는 누이의 모습에도 안타까움과 외로움, 슬픔이 배어 있습니다.
생명력 넘치는 싱그러운 초록색과
상복의 어두운 색이 대비되며 애잔함을 더합니다.

죽음은 누구에게나 찾아옵니다. 하지만 사랑하는 이의 죽음을 담담하게 받아들이는 것은 고통스럽습니다. 이제 더 이상 볼 수 없고, 함께 이야기를 나눌 수 없다는 현실에 마음이 아픕니다. 이 그림이 따스하면서도 가슴이 아린 것은 사랑하는 어머니를 잃고 큰 슬픔에 빠진 남매의 심정이 우리에게 고스란히 전해지기 때문이 아닐까요?

부모를 잃은 슬픔에는 다양한 감정이 뒤죽박죽 섞여 있습니다. 애도의 감정 외에도 홀로 남겨진 상실의 충격으로 원망스럽거나 미운 생각이 들 수도 있습니다. 분노, 죄책감, 불안, 외로움, 무력감 등도 느낄 수 있고 가슴이 답답하거나 기력이 떨어지는 신체적 증상이 일어나기도 합니다.

슬픈 감정이 드는 것은 자연스러운 현상입니다. 그리고 슬픔을 치유하는 데는 시간이 필요합니다. 그리고 그 치유의 힘은 나 자신에게 있습니다.

눈물이 난다면 울음을 참지 마세요. 슬픔을 이겨내기 위해 서두르지도 마세요. 사랑하는 이를 잃었을 때의 감정은 시간이 흐르면서 서서히 찾아들기 마련입니다. 이 과정에서 마음을 터놓을 수 있는 누군가가 있다면 이별의 슬픔에 대해 편하게 이야기해보세요. 슬픔을 나눌 수 있는 존재가 있다는 것은 커다란 위안입니다. 그림 속 남매처럼요. 부모를 잃은 아픔을 나누고 서로 곁에 가만히 있는 것만으로도 이들 남매에게는 큰 위로가 될 것입니다.

그리고 죽음에 대한 각자의 생각을 나눠봐도 좋습니다. 죽음을 삶의 과정 중 하나로 받아들이며 정서적으로 성숙해질 수 있습니다. 그것은 바로 '카르페 디엠', 지금 이 순간을 더 잘 살 수 있게 해주는 힘이 되어줄 것입니다.

> **행복을 나누면 배가 되듯, 슬픔을 나누면 반이 됩니다.**
> **소중한 이의 죽음을 받아들이고 함께 이야기를 나눠보세요.**
> **다시 오늘을 살아갈 힘을 얻게 될 거예요.**

02

함께한 삶을
정리하다

부모의 이혼

두 남녀가 서로 등을 돌리고 앉아 있습니다.
바닥에 시선을 고정한 채 각자의 생각에 잠겨 있네요.
제목은 '유쾌한 댄스팀'인데 분위기는 전혀 즐거워 보이지 않습니다.
한때 이들은 아주 잘 어울리는 한쌍이었을 겁니다.
턱을 괸 남자와 여자의 무표정한 얼굴에서 심각한 분위기를 읽을 수 있습니다.
서로 그만 헤어지려는 것일까요?
이제 더 이상 같은 방향을 바라볼 일은 없는 걸까요?
한 팀을 이뤄 살아온 이들이 다른 방향을 바라보고 있는 것, 그것이 이혼이겠죠.

이혼은 결혼한 남녀의 이별입니다. 그런데 아이가 있다면 이별로 관계를 완전히 끊을 수는 없습니다. 부부의 감정만 정리하면 되는 것이 아니라 아이들과 함께한 삶까지 정리해야 하기 때문입니다. 헤어진다는 의미에서 비슷하지만 이혼과 이별이 사뭇 다른 이유입니다.

이혼은 아이에게도 큰 상처를 안겨줄 수 있습니다. 아이는 나를 돌봐주는 대상이자 내가 사랑하는 대상이 갑자기 사라지는 상황을 맞닥뜨리게 됩니다. 심리적 안정감이 필요한 어린 시절에 불안과 혼란을 겪으면 감정적으로 감당할 수 없을 수도 있습니다.

하지만 이런 아이의 감정을 부모는 놓치기 쉽습니다. 이혼을 하는 자신이 가장 힘들고 가엾다는 생각에 빠져 있기 때문입니다. 이때는 자신의 감정 자체도 추스르기가 어려운 상황입니다. 그래서 아이의 상태가 어떤지는 미처 챙기지 못하는 경우가 많습니다. 심지어 아이에게 힘들다고 하소연하거나 배우자를 비난하기도 합니다. 그럼 아이는 더욱 불안에 떨고 마음 깊숙이 큰 상처를 받게 됩니다.

상담 때 이러한 상황에 놓인 아이들에게 감정 상태나 지금 힘든 게 뭐냐고 물어보면 '괜찮아요, 잘 모르겠어요.' 등의 대답이 돌아옵니다. 하지만 아이들은 자신의 감정을 표현하는 데 서툰 경우가 많습니다. 이때 아이에게 그림을 그려보도록 하기도 합니다. 아이가 그린 모든 그림에는 다 이

유가 있습니다. 말로는 표현하지 못하거나 드러낼 수 없는 속마음이 그림에는 고스란히 드러나기 때문입니다. 그림에 나타난 아이의 감정과 아이가 보내는 신호를 제때 알아채는 것이 중요합니다. 나중에는 너무 늦어버릴 수도 있습니다.

이처럼 아이들은 부모의 이혼 앞에 무기력할 수밖에 없습니다. 부모에게 버림받았다는 상실감에 빠질 수 있습니다. 또한 부모의 헤어짐으로 아이의 세상은 와르르 무너집니다. 자신의 미래에 대해서 불안을 가지기도 합니다. 어쩔 수 없이 이혼을 해야 한다면 '건강한 이혼'을 준비해야 합니다. 아이 앞에서 배우자에 대해 비난을 하는 것은 결혼에 대해 왜곡된 시각을 갖게 할 수 있으니 피하는 게 좋습니다. 무엇보다 이혼 후에 헤어진 배우자와 아이가 정기적으로 만남을 갖도록 노력해야 합니다. 이는 아이의 심리적 안정과 사회성을 기르는 데도 도움이 됩니다.

> 이혼은 같은 방향을 바라보다 다른 방향을 향하는 것입니다.
> 이때 아이들의 방향은 어디로 향해야 할까요?
> 이혼 앞에서 아이들을 그냥 내버려 두지 마세요.

노먼 록웰 Norman Rockwell, 유쾌한 댄스팀 Gaiety Dance Team, 개인 소장

03

부모의 위로가
필요할 때

무관심한 부모

빛이 겨우 드는 어두운 바닥에 남루한 옷차림의 소년이 앉아 있습니다.
무릎과 발바닥은 묵은 때로 얼룩져 있습니다.
핏기 없이 창백한 소년은 자기 몸에 붙어 있는 벼룩을 잡고 있습니다.
거리에서 구걸해 온 과일은 썩었고 말라붙은 새우는 바닥에 나뒹굴고 있습니다.
암울한 주변 환경과는 달리 창으로 햇살이 비칩니다. 그림 한편에서 들어오는 빛이 소년을 따뜻하게 감싸고 있습니다.

이 소년의 눈에 비친 세상은 어떨까요?
담담한 표정에서 어쩌면 인생의 고단함을 벌써 알아챈 것 같기도 합니다. 부모라는 울타리도 없고 사회에서도 보호받지 못하는 아이에게 이 세상은 외로움과 불신이 가득할 것입니다.

어린 시절 생긴 트라우마는 아이 혼자 감당하기엔 벅찰 수 있습니다. 아이의 이런 고통과 상처가 치유되지 않는다면 성장 과정에서 아이의 가치관과 사회성에 나쁜 영향을 끼칠 수도 있습니다. 아이들에게 정서적으로 안정된 환경을 만들어 주는 것, 사회뿐만 아니라 가정이 해야 할 역할입니다.

하지만 부모의 역할이 무엇인지 모르는 사람들이 의외로 많습니다. 아이를 낳기는 했지만 어떻게 키워야 할지 모릅니다. 과잉보호하는 경우도 있지만 지나친 무관심으로 방임하는 경우도 많습니다. '어떻게 부모가 자녀에게 관심이 없을 수 있을까?'라고 반문하기 쉽지만 실제로 그런 부모가 많습니다. 갑자기 계획에도 없는 아이를 낳게 되거나, 경제적으로 힘든 부모들에게서 주로 나타납니다.

최근 들어 자녀를 어떻게 키워야 하는가에 대한 고민을 별로 하지 않는 부모도 많습니다. 자녀가 비행을 저지르든 가출을 하든 그냥 내버려 두는 경우가 많은 것이죠. 이때 부모의 관심을 끌기 위해 비행을 더 저지르는 악순환이 반복되기도 합니다.

우리 어른들도 이 세상을 살아가면서 주위 사람들의 위로와 지지가 필요합니다. 더구나 부모 외에는 아무런 보호막이 없는 아이들에게 부모의 관심과 애정이 필요한 건 당연합니다.

부모의 무관심은 아이에게 큰 상처를 줍니다. 아이가 사회적 관계를 맺는 과정에도 부정적인 영향을 미칠 수 있어요. 부모의 무관심 속에서 자란 아이는 자신이 부모가 되었을 때 부모가 되었다는 설렘과 동시에 큰 불안을 느낄 수밖에 없습니다. 좋은 부모가 되고 싶지만 어릴 때 자라면서 부모의 역할을 제대로 경험한 적도, 배운 적도 없기 때문입니다.

하지만 어린 시절에 부모의 따스한 보살핌을 받지 못했다고 해서 그 이후의 삶도 계속 불행하게 내버려 둬서는 안 됩니다. 무관심이나 결핍으로 생긴 상처는 주변인들의 사랑과 심리 치료를 통해 치유될 수 있습니다. 타인과 긍정적인 관계를 맺고 그 안에서 자신을

바르톨로메 에스테반 무리요 Bartolome Esteban Murillo, 거지 소년 The Young Beggar, 프랑스 루브르 박물관

끊임없이 다독이면 점점 좋아질 수 있습니다. 무엇보다 나를 제대로 들여다볼 수 있는 용기와 인내가 필요합니다. 물론 쉽지만은 않습니다. 하지만 그 과정을 하나씩 거치다 보면 어느새 '어린 시절의 힘들어하던 나'와 결별한 자신을 발견할 수 있습니다.

> 부모의 역할이 힘들 때도 있어요.
> 내 아이를 위험에서 지키고 늘 안식처가 되어줘야 하니까요.
> 부모라는 이름이 특별한 이유입니다.

04

사랑받고 싶어요

편애

갓난아이가 엄마 품속에 파고들어 젖을 먹고 있습니다.
엄마는 갓난아기를 끌어안고 사랑스런 눈빛으로 바라보며 온 애정을 쏟고 있습니다.
아기는 아랫도리를 훤히 드러내고 한 손은 엄마의 가슴을 만지작거리며 볼이 홀쭉해질 정도로 힘차게 젖을 먹고 있네요.
세상에 둘 외에는 아무도 없는 듯합니다.

그 옆에서 엄마를 빼앗긴 남자아이가 서러운 듯 울고 있습니다.
반면 여자아이는 다소곳이 앉아서 복주머니를 만지며

놀고 있습니다.
엄마의 애정을 간절히 바라며 울고 있는 남자아이와 대비되는 모습입니다.

그림의 제목 '자모육아'는 '자애로운 어머니가 아이를 기른다'라는 뜻입니다. 그림을 그린 신한평은 신윤복의 아버지로 실제 그림처럼 2남 1녀를 두었습니다.
아마도 어린 아기에게 애정을 쏟을 수밖에 없었던 아내와
그로 인해 소외되는 아들딸의 모습에서 그림의 영감을 받은 건 아닐까요?
이런 풍경은 시대를 초월한 일상적인 가족의 단면입니다.

우리나라는 남아 선호 사상 때문에 여자아이가 부모의 편애로 상처받는 사례가 남자아이보다 3배 정도 많다고 합니다. 그림의 배경이 되는 조선 시대는 더했습니다. 그림 속 여자아이가 엄마의 사랑을 포기한 듯 혼자 잘 노는 모습이 마냥 기특하지만은 않은 이유입니다. 또한 성별로 보면 남자아이는 동성 형제와 차별 대우를 받을 때, 여자아이는 오빠나 남동생과 차별 대우를 받을 때 불만이 더 높다고 합니다. 상담 중에 만난 한 고등학생은 3살 때 동생이 태어났는데 그때 부모의 사랑을 빼앗겼다는 생각에 지금까지도 속상하다고 털어놓기도 했습니다.

2013년 2월 캐나다 〈아동 발달 저널〉에 실린 연구 결과에 따르면, 부모

가 한 아이를 편애하는 것은 공격성, 관심 갈구, 정서적 문제 등 아이의 정신 건강에 여러 문제를 일으킨다고 해요. 자신이 사랑받지 못한다고 느끼는 아이는 한없이 자존감이 낮아지게 되고, 자신이 사랑받지 못하는 존재라 생각해 끊임없이 애정을 갈구하게 됩니다.

아이들은 자신과 가장 가까이에 있는 부모에게 온전히 의지합니다. 언제든 자신을 보호하고 돌봐준다고 믿기 때문이겠죠. 이런 이유로 어린 시절에 부모와 어떤 관계를 맺었느냐는 그 아이가 어른으로 성장하는 데 큰 영향을 미칩니다. 부모가 아이의 인생에 결정적 역할을 하는 셈이지요.

또한 편애는 사랑을 독차지한 아이에게도 부정적인 영향을 끼칩니다. 부모만큼 자신을 사랑해주는 사람을 찾지 못하면 타인과 친밀한 관계를 맺는 데 어려움을 겪을 수 있기 때문입니다. 또한 편애를 받았다는 죄책감으로 인해 형제나 자매 사이에 불편한 감정이 생길 수도 있어요. 그러다 부모가 나이 들면 더 잘 돌봐드려야 한다는 중압감에 스트레스를 받기도 합니다.

정말 부모들은 어느 한 자녀만 유독 사랑할까요? 그렇지 않습니다. 깨물어서 아프지 않은 손가락이 없듯 대부분 부모는 자녀들 한 명 한 명에게 공평한 사랑과 관심을 기울입니다. 하지만 어느 한 아이가 늘 부모의 칭찬을 받는다면, 상대적으로 다른 아이는 칭찬을 덜 받을 수 있습니다. 이러

신한평, 자모육아慈母育兒,
한국 간송미술관

한 상황이 자녀들 시선에서는 부모의 편애로 비칠 수 있습니다. 그렇다고 아이의 성향이나 능력에 따라 잣대를 달리하면 아이들은 부모가 이중적이고 공평하지 못하다는 느낌을 받게 됩니다.

그림 속 가족을 보세요. 한 아이는 울고 있지만 아마 단란한 가정일 것입니다. 우리네 평범한 가족들이 일상을 살아가는 모습입니다. 엄마의 시점은 사랑하는 세 자녀와 보내는 한때일 수도 있고, 울고 있는 아이의 시점에서 보면 엄마에게 서운한 때일 수도 있습니다. 그림은 보는 시점에 따라 의미가 달라지기 때문입니다.

아이들이 원하는 것은 어떤 성과를 통한 칭찬과 사랑이 아닙니다. 그냥 자신의 존재 자체로 사랑받기를 원합니다. 부모의 사랑은 아이가 태어나서 처음 마주하는 최고의 선물입니다. 이 선물을 온전히 전달하는 것, 부모의 역할일 것입니다.

> 부모가 가질 수 있는 최고의 보석은 자녀일 거예요.
> 보석을 다루듯 우리 아이에게 섬세한 사랑과 관심이 필요합니다.
> 곧 다이아몬드처럼 빛나는 어른으로 성장할 테니까요.

05

혼자서는
아무것도 할 수 없어요

과잉 보호

이 그림은 상류층 가족의 단란한 한때를 보여주고 있습니다. 고급스럽게 차려입은 아버지와 세 자녀의 화목한 모습입니다.

화가는 단란한 가족의 모습을 강조하기 위해 그림에 명암을 주어 따뜻한 표정을 살렸습니다. 주변은 어둡게 하고 가족의 실루엣에 햇살을 더한 것이지요.

세 아이 모두 아빠 곁에 꼭 붙어 떨어지지 않으려는 듯 보이네요.
마치 이곳이 가장 안전하고 즐거운 것처럼

아이들의 표정이 밝기만 합니다.
아마도 부모의 든든한 보호 아래 있기 때문이겠죠.

'보호'라는 단어는 긍정적 의미지만 그 앞에 '과잉'이라는 단어가 붙으면 부정적 의미로 바뀌게 됩니다. 부모가 자녀를 지나치게 감싸며 필요 이상으로 도와주는 과잉보호를 받은 아이는 독립심이 부족해지기 때문입니다.

부모는 과잉보호가 자녀를 세상으로부터 보호하고 안전하게 지켜준다고 생각할 수 있습니다. 하지만 부모와 자녀의 관계는 그렇게 단순하지만은 않아요. 한편으로는 부모가 자녀를 믿지 못하는 데서 과잉보호가 시작되기 때문입니다.

부모는 자녀의 행동 하나하나에 간섭하기 시작하고 자녀에게 어려움이 닥치면 걱정과 불신이 더 커지게 됩니다. 이런 부모의 모습에 자녀는 당황하며 자신이 부족하다고 생각해버립니다. 이런 경험이 쌓이다 보면 자녀는 모든 일에 흥미를 잃게 됩니다. 타고난 능력과 동기가 꺾여 자칫 의지 박약아가 될 수도 있습니다.

아이에게서 한 발자국 떨어져 지켜보는 것 역시 사랑임을 잊지 말아야 합니다. 교육도 마찬가지입니다. 아이가 심리적으로 독립할 수 있도록 관심을 조절하는 것은 자녀 교육에 있어서 정말 중요합니다. 우리 주변에는

프리드리히 폰 아멜링Friedrich Von Amerling,
루돌프 폰 아르트하버와 그의 아이들의 초상Portrait of Rudolf von Arthaber and his children,
오스트리아 벨베데레 미술관

어릴 때부터 온통 아이의 학업에만 초점을 맞추어 모든 생활을 통제하는 경우가 많습니다. 그러면 아이는 부모가 만들어놓은 틀에 맞추어 움직여야만 합니다. 아이 스스로 결정하고 행동하는 것을 배울 기회를 놓치게 되고 선택의 자유도 없습니다. 결국 어떠한 선택에 대한 책임도 본인 스스로 지지 못하게 됩니다.

어릴 적 부모의 과잉보호는 아이가 성인이 되어서도 영향을 끼치게 됩니다. 직장에서 갈등이 불거질 때마다 부모에게 의지하는 일명 '찰러리맨 Child+Salaryman' 직장인이 늘고 있다는 뉴스를 종종 볼 수 있습니다. 특히 막 사회 생활을 시작한 신참의 경우 업무 부적응, 부서 내 갈등 등 직장 문제를 스스로 해결하지 못해 부모가 직접 나서는 사례도 있다고 합니다.

부모의 지나친 간섭과 보호 속에서 성장한다면 성인이 되어서도 심리적 의존도가 높을 수밖에 없습니다. 어릴 적부터 자기 결정 능력을 키워주는 교육이 필요합니다. 최소한 본인이 할 수 있는 일은 스스로 책임감 있게 할 수 있도록 믿고 응원해야 합니다. 그래야 몸과 마음이 건강한 성인으로 성장할 수 있습니다.

> **아이는 어린 새와 같아요.**
> **새장 속에 머무는 동안 홀로 나는 법을 가르쳐야 해요.**
> **언젠가 자유롭게 훨훨 날아오를 수 있게요.**

06

나도
인정받고 싶어요

타인의 시선

클로즈업된 한쪽 눈 안에 구름이 흘러가는 하늘이 담긴 이 그림의 제목은 '잘못된 거울'입니다.
'지금 보는 것이 과연 진짜일까'라는 질문을 우리에게 던지는 그림입니다.
"우리가 보는 모든 것은 다른 것을 숨기고 있고, 우리는 늘 우리의 시각 때문에 숨은 것을 보려고 한다."라고 한 마그리트의 말도 떠오릅니다.

누구나 타인에게 인정받고 싶어합니다. 다른 사람의 칭찬과 관심을 필요로 합니다.
타인의 시선에 갇힌 나, 나의 시선으로 바라보는 타인과 세상에 대해 가만히 생각해보세요. 그러다 보면 내가 보아야 할 진짜 나의 모습을 고민하게 됩니다.

누구나 타인의 인정을 중요하게 여기고 타인에게 인정받고 싶어 합니다. 어떤 분야의 전문가가 된다는 것은 주위 사람들의 칭찬과 격려를 받으며 더욱 더 매진한 결과일 수 있습니다. 그러나 그 욕구가 극단적일 때는 위험합니다. 어떤 분이 상담하러 온 적이 있습니다. 무엇 하나 부족한 것이 없어 보였습니다. 하지만 어릴 때부터 타인의 인정과 칭찬에 익숙해져서 자신의 의견보다는 타인의 시선과 평가에만 기대어 사는 것이 늘 힘들다고 했습니다.

프레드릭슨과 로버츠의 '자기 대상화Self Objectification theory' 이론이 있습니다. 자기 대상화란 자신을 타인의 눈으로 바라보고 자신에 대한 타인의 관점을 중요하게 여기는 것을 말합니다. '저 사람들이 나를 어떻게 볼까?'라는 생각에 불안하고 우울해 하기도 합니다. 모든 이들에게 인정받아야 한다는 생각, 타인의 시선에서 자유롭지 못한 행동으로 우리 삶을 피곤하고 지치게 만든다는 것이죠.

타인의 시선으로부터 자유롭기 위해서는 때때로 나를 바라보는 누군가의 시선을 무시할 수 있어야 합니다. 바라보는 사람은 심리적으로 우월

감에 빠져 있습니다. 반면 '바라봄의 대상'은 위축될 수밖에 없습니다. 인기, 외모, 성적 등으로 많은 기대와 칭찬을 받아온 경우에는 더욱 그러기 쉽습니다.

타인의 시선에만 신경 쓰다 보면 독립적이며 온전한 삶을 살기 어려워집니다. 타인에게 인정받는다고 해서 나의 가치가 달라지는 것은 아니며, 인정받지 못한다고 해서 나를 낮게 평가하는 사람에게 굳이 자신의 가치를 증명할 필요도 없습니다. 모든 사람에게 인정받을 수 없음을 인정하고, '나'에게 집중하는 것이 자신의 성장에 더 도움이 됩니다.

나에게 집중하기 위해서는 온전히 나의 내면의 소리를 들어야 합니다. 우선 나를 용서하고 인정해주어야 합니다. 그리고 칭찬해주세요. 이렇게 힘든 세상에서 지치지 않고 열심히 살아왔잖아요. 남과 비교하지 말고 나의 수고를 인정해주세요.

나에게 집중하기 위해서는 조용한 시간과 장소도 필요합니다. 왁자지껄 들리는 세상의 소음을 잠시 차단하는 건 어떨까요? 휴대전화를 꺼두거나 사람들과의 모임을 미루고 나만의 시간을 갖는 것도 좋은 방법입니다. 긴 산책을 하거나 훌쩍 여행을 떠나 보면 어떨까요? 슬픈 영화를 보며 마음껏 우는 것도 좋아요. 나의 내면과 감정을 마주하는 것입니다. 정말 강한 사람은 위기가 닥쳤을 때 피하는 것이 아니라 온전히 받아들이고, 그

르네 마그리트 René Magritte, 잘못된 거울 The False Mirror, 미국 MoMA 미술관

위기를 기꺼이 뚫고 통과하는 사람입니다. 그 속에서 한줄기 빛이 나를 향해 속삭일 거예요. '당신은 사랑받기 위해 태어난 귀한 존재'라고요. 남들보다 조금 늦었다고, 긴 터널이 끝나지 않는다고 낙담하지 마세요. 누군가의 말처럼 '모든 것이 잘 되리라.'는 것을 믿어보자고요.

> 지금 당신이 어둠 속을 헤매고 있다면 아직 끝나지 않은 거예요.
> 그걸 어떻게 아냐고요?
> 결국엔 모든 것이 잘 되고 빛이 보이기 때문입니다.

그림, 마음을 만나다

마르크 샤갈

삶이 언젠가
끝나는 것이라면
삶을 사랑과 희망의 색으로
칠해야 한다.

PART II.

상처받은 아이가 어른이 된다는 것

01

넘어져도 괜찮아

실패

풀밭에 비스듬히 누워 있는 소녀가 양손 가득 너트를 움켜쥔 소녀를 쳐다봅니다.
미소 띤 두 소녀의 표정에는 설렘과 공감이 담겨 있습니다. 둘은 친밀해 보입니다. 서로 많은 이야기도 나누는 사이인 듯합니다.
한 명은 이야기하고 한 명은 귀 기울여 듣고 있습니다.
그림 속 소녀들의 맑은 눈동자에 마음까지 밝아지는 듯합니다.

편안한 맨발에 평화로운 풍경 때문일까요?
혼자 간직했던 비밀도 술술 털어놓을 것만 같습니다.

윌리엄 아돌프 부그로 William-Adolphe Bouguereau, 너트 줍는 아이들 The Nut Gatherers, 미국 디트로이트 미술관

이 둘은 즐거운 이야기도 나누겠지만 힘들고 어려운 이야기도 나누겠지요. 친구가 어렵게 꺼낸 이야기를 듣고 '괜찮아'라며 위로하는 것만 같습니다. 이런 친구가 옆에 있다면 마음의 짐은 훨씬 가벼워지겠지요.

이 그림을 그린 윌리앙 아돌프 부그로는 평생 그리스나 로마 신화 이야기를 담은 고전 명작을 많이 그렸습니다. 그런 이유로 창의성이 부족한 작가로 평가받으며 미술 평론가들의 비난과 대중의 외면을 받았습니다. 한때 '저주받은 화가'라 불리기도 했습니다. 하지만 그는 전혀 개의치 않고 화실에 틀어박혀 하루에 열시간도 넘게 그림만 그렸다고 합니다. 그림이 '살아갈 힘'이자 '살아갈 이유'가 되었던 것이지요. 그에게는 또 다른 시련이 있었습니다. 자신의 세 아이가 모두 죽고 아내도 세상을 떠난 것입니다. 그는 그러한 깊은 슬픔과 좌절을 그림을 통해 이겨내려 했고, 대다수 작품들이 그때 탄생했습니다.

러시아의 문호 톨스토이는 실패에 대처하는 사람들의 모습을 네 가지로 나누었습니다. 술에 취하는 것, 실의에 빠져 삶을 포기하는 것, 자신의 실패에 냉담해지는 것, 실패를 받아들이고 마음을 다스리며 시련을 참아내는 것이라고 말했습니다. 이 가운데 마지막이 가장 이성적이고 합리적인 대처법이지만 말처럼 쉽지만은 않습니다.

특히 왜 이런 시련이 나에게 닥쳤는지 괴로워하며 실패했다는 사실에만 집착하여 비참해한다면, 그 상황에서 벗어나기는 점점 어려워집니다. 이때 실패를 통해 기회를 찾는 힘이 필요합니다. 실패 속 시련을 이겨내고 노력하는 과정에서 새로운 아이디어를 얻거나 인생의 전환기를 맞이하는 등 성공 사례를 수없이 접하곤 합니다. 진학, 취업, 결혼 등 삶의 과정에서 실패는 일어날 수 있습니다. 그러나 그 실패 앞에서 포기하지 않고 최선을 다한다면 언제든 기회는 찾아올 것입니다.

살다 보면 누구나 곤경에 빠지거나 갑자기 벅찬 허들을 만나기도 합니다. 하루하루도 편히 넘어가는 날이 없죠. 그럴 때마다 잔뜩 웅크린 나를 발견하기도 해요. 그런 '나'를 다독여주세요. '지금 실패해도 괜찮아, 넘어져도 괜찮아.'라고요.

> **인생의 순간에서 크게 넘어져도 괜찮아요.**
> 이제 더 큰 길이 열릴 거라는 신호예요.
> 실패는 다시 시작할 수 있는 기회를 선사할 것입니다.

02

견디는 것이 인생이야

시련

갑작스레 바닷물이 불어났습니다. 멀리 있는 배는 이미 기울어져 버렸습니다.
한 여인이 있는 힘껏 줄을 잡아당기고 있습니다.
파도를 뒤로한 채 무언가를 바라보고 있는 듯한데요.
여인을 구해줄 구조대일까요?
여인의 이목구비가 뚜렷하게 표현되어 있진 않지만 다급한 상황에 놀란 듯 보입니다.

우리에게도 이 거센 파도처럼 인생의 위기가 닥쳐올 수 있습니다. 그때, 우리는 어떻게 해야 할까요?

어려운 순간은 부지불식간에 닥쳐옵니다. 이때 가장 필요한 것은 현실을 직시할 수 있는 냉정함입니다. '호랑이 굴에 들어가도 정신만 차리면 된다.'는 말처럼요. 어떤 상황인지, 무슨 문제인지 제대로 보지도 않고 자기가 처한 상황에만 몰두한다면 그 난관에서 빠져나올 기회도 놓쳐버리고 맙니다. 마치 이 그림 속에서 굽이치는 물만 보고 멀리서 다가오는 배는 놓치는 것처럼요.

영화 〈인턴〉에서 젊은 남자 직원이 슬픔에 빠진 여직원을 어떻게 위로해야 할지 몰라 쩔쩔맵니다. 그때 주인공 로버트 드니로가 양복 안주머니에서 손수건을 꺼내며 이렇게 말합니다. "손수건은 누군가에게 건네주기 위해 갖고 다니는 거야." 손을 내밀어 누군가의 삶에 작은 변화를 일으키고 용기를 불어넣는 것은 영화의 한 장면처럼 멋진 행동입니다. 그런 기회는 나 자신이 만들 수도 있지만 누군가의 도움으로 생기는 경우도 많습니다. 이런 경험 후에는 자신도 위기에 처한 타인에게 손 내밀어 볼 수 있을 것입니다.

인생에는 수많은 고비가 찾아옵니다. 직장을 잃었다고, 병이 들었다고, 연인과 헤어졌다고, 시험에 실패했다고 낙담하는 지금 이 순간에, 모든 것을 새로 시작할 수 있는 실마리가 있다는 사실을 기억하세요.

삶이 매력적인 것은 한순간도 멈추지 않기 때문이 아닐까요?
계속 물이 차오르는 곳만 바라보며 절망만 하고 있을지, 멀리 다가오는 배를 맞이할 것인지는 전적으로 당신의 선택에 달려 있습니다.

르네 자비에 프리네René Xavier Prinet, 파도La Vague, 프랑스 파리시 현대예술기금

03

그 누구와도
마음을 나눌 수 없어요

고립감

캄캄한 어둠 속에 죄수로 보이는 한 남자의 뒷모습이 보이네요.
작은 틈 사이로 들어오는 빛을 바라보며 여러 상념에 잠긴 듯합니다.
말 붙일 이도 없고 작은 동물조차 들어올 수 없는 좁고 갑갑한 감옥은 외로움을 더욱 짙게 만듭니다.
세상과 통하는 유일한 창은 그의 등 뒤에 자리한 어둠에 비해 너무 작습니다.

그에게 빛이 이토록 귀하게 느껴질 때가 있었을까요. 공기의 고마움을 우리가 인식하지 못하는 것처럼, 그 역시

**빛의 귀함을 느끼지 못하고 살아왔을 것입니다.
아마 그는 빛이 들어오는 곳을 향해 자신의 마음을 전하고 있을지도 모릅니다.
세상과 통하는 유일한 창의 빛을 통해 그리운 사람에게 계속 안부를 전하고 있을지도 모릅니다.**

어쩌면 어둠은 빛의 차단이 아니라 의사소통이 막히면서 시작된다고 할 수 있습니다. 말이 통하는 사람이 없다는 사실, 주위를 둘러봐도 다 벽처럼 느껴진다는 사실에 인간은 불안을 느끼게 됩니다. 세상에서 혼자라는 생각에 빠질 때 불안이 우리를 엄습하게 되는 거죠. 어떤 상담자는 이민 후 이야기를 나눌 사람이 아무도 없어 새한테 말을 걸 정도로 외롭고 힘든 시기를 보냈다고 합니다. 자연이 너무 아름다운 곳이었는데 대화 상대가 없으니 그 아름다움도 보이지 않았다고 해요.

소통이 안 되어 불안한 것인지, 불안하기 때문에 소통이 안 되는 것인지 구분하기는 쉽지 않습니다. 혼자라는 강렬한 감정에 계속 상처 받고 나만의 세계에 갇히면 세상과의 소통을 멀리하게 되거든요. 하지만 세상을 혼자 살아갈 수는 없습니다. 사람과 만나 대화를 나누고 공감하는 법을 배워야 합니다. 타인을 이해하면서 나의 불안도 이해받을 수 있습니다. 그런 과정에서 스스로 해결책도 찾게 되고요. 세상 밖으로 나오는 것을 불안해

하지 마세요. 불안이 나의 영혼을 잠식하기 전에요.

현대인들은 주변에 많은 사람이 있지만 소통할 대상은 의외로 적습니다. 혹여나 있더라도 속내를 터놓고 이야기하기가 쉽지 않습니다. 자살하고 싶어하는 이들이 주변에 자기 이야기를 진실하게 들어줄 단 한 사람만 있으면 자살을 안 할 거라는 이야기도 있습니다. 나의 작은 '귀 기울임'이 누군가에게는 삶을 살아가게 하는 힘이 될 수 있습니다.

어둠에 휩싸여 아무것도 볼 수 없는 누군가에게, 나라는 존재가 한줄기 빛이 되어주는 소망을 품어봅니다. 힘든 상황에 놓인 누군가에게 '힘이 되어주는 목소리', '속마음을 터놓고 싶은 사람'이 되기를 꿈꿔봅니다.

> 세상을 혼자서는 살 수 없어요.
> 아무도 내 말을 듣지 않는다고 생각된다면
> 내가 먼저 누군가의 말에 귀 기울여 보면 어떨까요?

니콜라이 알렉산드로비치 야로셴코Nikolaj Alexandrowitsch Jaroschenko, 죄수 The Prisoner, 러시아 트레차코프 국립미술관

04

몰입의 즐거움

의욕 상실

한 소년이 책에 푹 빠져 있습니다.
책에서 절대 시선을 떼지 않습니다.
책의 내용을 놓치지 않으려는 듯 입을 살짝 벌린 채로요.
혹은 흥미진진한 대목을 곱씹고 있는 것일지도 모르겠습니다.

책을 읽는 사람을 그린 그림들은 많지만 몰입해서 읽는 장면을 포착한 그림은 많지 않습니다. 하지만 프란스 할스의 그림 속 책 읽는 소년은 몰입의 즐거움을 제대로 만끽하고 있는 듯합니다.

일상의 작은 위로가 큰 힘이 될 때가 많습니다. 아스팔트의 작은 틈 사이로 피어난 이름 모를 풀꽃, 친구의 말 한마디, 글귀 하나에 위로와 용기를 얻기도 하고요. 고요한 방에 홀로 덩그러니 앉아 좋아하는 책의 페이지를 넘기다 보면 한결 기분이 나아질 때도 있어요. 찰나의 순간이든 오랜 몇 시간이든 몰입의 순간은 큰 힘을 가집니다.

살다 보면 다른 이에게 상처받고 내가 제일 못난 것 같은 생각에 한없이 마음이 가라앉기도 합니다. 세상이라는 큰 벽 앞에서 무릎을 꿇는 경우도 많지요. 하지만 문득문득 경험하는 몰입의 순간으로 즐거운 일상을 회복할 수 있습니다.

공부 스트레스로 의욕이 떨어졌을 때 이 그림을 천천히 감상해보세요. 다시 공부에 파고드는 나를 발견할지도 모릅니다. 무언가를 열심히 하고 있는 장면을 보는 그 자체만으로도 자극이 되어 의욕이 생길 수 있기 때문입니다. 사회적 동물인 인간은 주위 환경에 따라 심리적 영향을 받기도 합니다. 단순히 다른 사람의 존재만으로, 또 그 사람을 통해 시각, 청각적 자극을 받는 것만으로 나의 실행력이 향상되는 것입니다. 좋은 작품을 보면서도 나의 동기를 자극할 수 있습니다.

무언가에 몰입하는 순간, 치유는 시작됩니다. 그리고 온전히 몰입하면 변화와 성장의 기쁨을 느낄 수 있습니다. 개인적인 몰입의 경험을 하나 소개할게요. 처음 미술치료를 공부할 때 밤을 새워 책을 읽어도 피곤하기는

커녕 그 즐거움이 너무나 컸던 기억이 아직도 생생합니다. 제가 그랬듯 자신이 하고 싶고 도전해보고 싶은 일을 찾아 용기를 내고 푹 빠져보세요. 그 즐거움을 맛본 사람만이 지금 이 순간이 힘들더라도 계속해서 인내하며 이겨낼 수 있습니다.

살다 보면 의무감 때문에 일을 할 때도 있고, 딱히 하고 싶은게 없을 때도 있어요. 그럴 때는 나에게 재미있는 일, 원하는 일을 선물해보면 어떨까요? 책도 좋고 여행도 좋겠지요. 일상에 활력을 주는 취미도 될 수 있고 스트레스를 푸는 해법도 될 수 있습니다. 내가 무언가를 원한다는 것 자체가 몰입하는 힘이 될 수 있습니다. 그 힘은 앞으로 계속 나아갈 수 있는 길을 열어줄 거예요.

> 어릴 적 시간 가는 줄 모르고 놀았던 기억이 있습니다.
> 놀이에 빠진 몰입의 순간이었죠.
> 이처럼 우리 모두에게는 몰입의 경험이 있어요.
> 그 경험을 지금 끄집어내보세요.

프란스 할스Frans Hals, 책 읽는 소년Lesender Knabe,
스위스 오스카르 라인하르트 컬렉션 암 뢰머홀츠 미술관

05

고요한 '혼자'의 힘

외로움

연꽃이 핀 툇마루에서 한 여인이 장죽을 물었다 생황을 불었다 하며 망중한을 즐기고 있습니다.
섬세한 선과 담백한 색으로 담아낸 여인의 자태에서 원숙미가 배어나는 듯하네요.
한 손에는 생황을, 다른 손에는 담뱃대를 든 채 툇마루에 앉아 있는 모습에서 은퇴한 기생이 떠올려지기도 합니다.
연못에 활짝 핀 연꽃들이 홀로 있는 여인과 대비되면서 그녀의 무료함과 쓸쓸함을 한층 더 짙게 만듭니다.

이 그림은 신윤복이라는 화가의 진가를 보여주는 작품

입니다. 여인을 소재로 그림을 그리는 일 자체가 드물던 조선시대에 신윤복은 부드러운 필치와 맑고 깨끗한 수묵의 농담, 빨간 치마, 노란 저고리 등의 화려한 색채로 여인들의 삶을 아름답고 담박하게 담아냈습니다.

누구나 한 번쯤 외로움이 밀려올 때가 있습니다. 이때 감정을 잘 다스리지 못하면 우울증이 될 수도 있어요. 우울증으로 병이 커지기 전에 외로움을 잘 이겨내는 것이 필요합니다. 외로움은 흔히 사회적으로 고립되거나 정서적으로 결핍이 있을 때 많이 느끼게 됩니다.

환경이 바뀌면 마음도 바뀔 것이라는 말을 많이 합니다. 그러나 환경보다 자신이 먼저 바뀌어야 하는 경우가 많습니다. 안타까운 예를 하나 들어 볼게요. 폭력적인 성향의 부모 아래서 자란 사람들은 마음속으로 '나는 그러지 말아야지.'라고 생각합니다. 그런데 폭력 피해자인 아이가 어른이 되면 오히려 가해자가 되는 경우가 더러 있습니다. 알코올 중독도 그런 경우가 많습니다. 자칫 유전적으로 물려받는다는 오해를 할 수 있지만 그렇지는 않습니다.

이러한 어려운 상황들을 극복하기 위해서는 자기 자신과 정면으로 마주하는 시간이 필요합니다. 상처받은 이들이 스스로 그 시간을 견디고 이겨낸다는 것은 어쩌면 가혹한 과정일 수 있습니다. 그러나 나를 객관적으

신윤복, 연못가의 여인(《여속도첩》 중 한 점),
한국 국립중앙박물관

로 바라보고 내면의 깊은 소리를 들을 수 있는 시간을 가질 때, 우리는 스스로 일어날 수 있고 다른 시작을 맞이할 수 있습니다.

《대지》의 작가 펄 벅은 "우리 내면에는 혼자만의 공간이 있다. 그곳에서 우리는 마르지 않는 샘을 길어올린다."라고 말했습니다. 언젠가 회복탄력성이 높은 그룹을 대상으로 강의를 한 적이 있습니다. 그분들에게 자신의 장점을 물어봤더니 "혼자서도 잘 놀아요!"라고 답하는 이들이 많았습니다.

누구나 한 번쯤은 자신과의 싸움에서 이겨야 한다는 이야기를 들어봤을 것입니다. 이것은 결국 혼자 있는 시간을 잘 보내야 한다는 말이겠지요. 홀로 있는 시간을 즐기고 그 시간이 주는 힘으로 타인과 함께하는 매일을 살아가는 것이 우리가 살아가는 인생이 아닐까요?

한편 외로운 감정이 드는 다른 이유는 자신을 너무 아끼는 나머지 진짜 '나'의 모습을 겉으로 드러내지 않기 때문일 수도 있습니다. 진짜 '나'를 드러내지 않기 위해 다른 사람들과 거리를 두게 되고, 상대방도 이를 느끼면서 깊은 관계를 맺기 힘들어집니다. 이럴 때 일기를 써보는 것도 좋은 방법일 수 있어요. 일기를 쓰면서 나의 마음이 어떤지 살펴보고 나를 돌아보는 시간을 갖는다면, 나를 남에게 드러내지 않으려는 이유를 알 수 있을 거예요. 그리고 이를 옅어지게 할 방법도 찾을 수 있습니다.

혼자 있는 시간을 즐길 수 있으면 뭐든 해낼 수 있어요.

자신만의 시간을 보내면서 진짜 나를 발견해보세요.

나를 더 이해하고 사랑하게 되면서

나만의 강점도 찾을 수 있을 거예요.

06

다시 사랑할 수 있을까요

실연

지붕 위의 두 남녀가 입을 맞추고 있습니다.
너무 기쁜 나머지 구름 위를 날아가는 듯한 기분인 걸까요? 사랑의 찬란한 순간을 그린 걸까요?
연인의 옆모습만으로도 그 설렘이 전해지는 듯하네요.

달밤에 사랑하는 연인의 모습을 담은 샤갈의 그림은 낭만적입니다. 아름다운 색채가 환상적인 분위기를 더해줍니다. 샤갈은 사랑에 빠진 연인들을 모습들을 많이 그렸는데요. 하늘을 날거나 가까이 마주하고 있는 모습들을 주로 그렸습니다.
하지만 그 사랑이 끝나고 난 후 풍경은 어떨까요?

실연의 아픔은 크게 다가옵니다. 다시 사랑하는 것조차 두렵게 만드니까요. 새로운 사람을 만나서 상처받거나 또다시 헤어질까 덜컥 겁이 날 수도 있습니다. 무엇보다도 이별이라는 상처가 아무는 동안 너무 외롭고 고통스러워 다시 사랑하는 마음을 먹는 것조차 힘듭니다.

하지만 오랜 시간이 흐른 뒤에도 지나간 첫사랑을 애틋해 하고 고이 간직하고자 하는 사람들도 많습니다. 아픈 이별이었지만 온 마음을 다해 사랑하고 설렜던 순수한 감정 때문이겠지요. 사랑은 내가 원하는 시기와 장소에 예정된 것처럼 짠 하고 나타나지 않습니다. 어느 날 불현듯 나타나는 게 사랑이거든요.

'사랑을 해본 사람이 다시 사랑할 수 있다.'라고들 합니다. 그것은 사랑이라는 감정과 그 과정을 통한 성숙이 또 다른 사랑을 할 수 있는 힘을 주기 때문이겠죠. 사랑이 떠나간 자리에서 나와 화해하는 과정도 필요합니다. 헤어진 원인이 나한테 있다고 자책하는 대신, 나를 더욱 사랑하는 기회로 만들어보면 어떨까요?

한 미술관에서 '실연'을 주제로 미술치료 워크숍을 진행한 적이 있습니다. 어린이와 성인으로 나누어 이틀 동안 진행했는데요. 성인들은 대부분 연인 간의 이별을 이야기했고, 어린이들은 애완동물, 이사, 친구와의 이별을 이야기했습니다. 대상은 달라도 누구에게나 이별은 가슴 아픈 일입니다.

마르크 샤갈Marc Chagall, 지붕 위의 연인Les Amants sur le Toit,
벨기에 왕립미술관

가슴 아픈 이별을 했나요? 상처가 나면 흉터도 남게 마련입니다. 하지만 그 흉터로 나의 삶이 힘들어져서는 안 됩니다. 이별도 마찬가지죠. 마음에 난 상처가 우리 삶을 더 이상 불편하고 힘들게 해서는 안 됩니다.

하지만 때론 어쩔 수 없는 상황에 원치 않는 이별을 하거나 일방적으로 이별 통보를 받을 수도 있습니다. 이 상처는 꽤 오래, 날카롭게 마음속 깊이 남습니다. 상처 정도가 아닌, 가슴에 큰 구멍이 난 것처럼 아릴 수도 있습니다. 이런 이별의 아픔은 파도와 같습니다. 한 번에 끝나는 게 아니라 어느 순간 몰려옵니다. 본인이 마음을 다잡지 않으면 그 파도에 휩쓸리고 맙니다.

이럴 때일수록 그 아픔을 고스란히 껴안고 있기보다는 빨리 회복하려는 노력이 필요합니다. 서둘러 일상으로 돌아가야 합니다. 행복의 중심은 과거의 내가 아닌 지금의 나임을 기억해야 합니다. 나 자신이 나의 행복을 결정짓는 유일한 존재입니다.

그러기 위해 먼저 자신의 감정을 정확하게 표현해보세요. 무엇보다 이별의 고통이 자기만의 것이 아니라는 것을 빨리 알아차리는 게 중요합니다. 그리고 자신의 감정을 솔직하게 표현하는 것이 좋습니다. 음악이나 영화 감상, 노래 부르기 등으로 자신의 감정을 분출해보세요. 이런 과정을 통해 웃기도 하고 울기도 하면서 자신을 객관화할 수 있습니다. 슬픔에 빠져 아무것도 못하고 있는 나 자신에게서 한 발짝 물러나세요. 실연이 '나만

겪는 아픔이 아니다.'라는 사실도 깨닫게 됩니다.

　그림 그리기도 좋은 방법이 될 수 있습니다. 그림은 마음의 거울이라고 하지요. 자신의 감정과 욕구를 자유롭게 그리는 과정에서 상실의 경험에서 생긴 심리적 아픔을 치유합니다. 자신의 감정을 드러냄으로써 공포와 불안감 없이 이별을 받아들일 수 있습니다. 건강하게 이별을 받아들일 때 또 다시 사랑할 수 있는 힘을 갖게 됩니다.

**사랑이 불현듯 찾아오듯 이별도 갑자기 닥칠 수 있어요.
너무 가슴 아파하지 마세요. 사랑의 기억은 남아 있으니까요.
사랑을 해본 사람이 다시 사랑할 수 있습니다.**

07

다른 삶을
선택하다

사랑의 상처

여인의 표정이 깊은 생각에 잠겨 있습니다.
아래를 향한 눈빛은 무언가를 체념한 듯 보입니다.
로댕의 제자이자 애인이었던 카미유의 모습입니다.
아내가 있던 로댕과 카미유의 사랑은 불행히도 이루어
질 수 없었습니다.

조용히 다문 입, 어딘가를 응시하는 시선은
그녀가 깊은 고민에 빠진 순간을 그대로 재현한 듯합니다.
얼굴을 받치고 있는 거친 대리석은 섬세하고 고운 그녀
의 얼굴과 대조되어
그녀의 사색을 더욱 아름답고 처연하게 만듭니다.

"그대는 나에게 활활 타오르는 기쁨을 준다오.
내 인생이 구렁텅이로 빠질지라도 나는 아무것도 후회하지 않겠소.
슬픈 종말조차 내게는 후회스럽지 않아요."
-로댕이 카미유 클로델에게 보낸 편지 中

이 편지에는 '생각하는 사람', '지옥의 문'으로 유명한 프랑스의 조각가 로댕의 카미유에 대한 절절한 사랑이 담겨 있습니다. 세기의 걸작으로 손꼽히는 로댕의 작품들 중심에는 카미유 클로델과의 뜨거운 사랑이 있었지요. 둘은 10년 동안 연인 관계를 지속하며 예술적인 영감을 주고받았습니다. 아내가 있던 로댕은 카미유와 사제 지간을 뛰어넘는 관계를 가졌습니다. 당시 카미유의 나이는 열아홉 살, 로댕은 마흔세 살이었습니다. 오랜 시간 카미유는 로댕을 위해 모델이자 제자로 활동했습니다. 로댕의 열정적인 예술 활동 이면에는 카미유의 사랑과 지지가 있었습니다.

하지만 이들의 사랑은 이뤄지지 못합니다. 아내를 저버릴 수 없었던 로댕은 카미유에게 이별을 고하고, 카미유의 삶은 그때부터 망가지기 시작합니다. 로댕과의 스캔들로 가족에게 버림을 받았으며 결국 정신 질환까지 앓게 됩니다. 그녀가 마지막으로 생을 마감한 장소는 정신병동이었습니다. 시대적 배경도 그녀를 궁지로 몰아갔습니다. 천재적인 재능을 지닌 그녀였지만 여성에 대한 억압이 강했던 시기라 인정받기가 쉽지 않았습니다. 로댕의 모델이자 연인, 공동 제작자로 활동했지만 로댕의 그림자에 가려

져, 이후 독립을 했지만 성공하지는 못했습니다.

누군가를 만나 관계를 맺고 이별을 맞이하는 것은 본인의 의지만으로 되는 일은 아닙니다. 사랑했던 순간들은 모두 지나가고 홀로 남겨진 카미유의 심정은 어땠을까요. 버림받은 현실과 자기 자신, 로댕에 대한 배신감을 얼마나 컸을까요.

어쩌면 카미유는 실연을 극복하지 못했던 것 같습니다. 하지만 누군가는 실연의 아픔을 이겨내기도 합니다. 이별을 선택했을 당시에는 마음 아팠지만 때론 그 아픔이 다른 길을 열어주는 것을 보게 됩니다. 본인이 선택한 것에는 책임이 따르고 때론 상처가 되기도 하지만, 그 상처로 인해 성장하기도 하고 또 다른 세상을 볼 수 있게 됩니다. 감정이 정리되고 실연을 극복하면 그 사람에 대한 기억도 아름답게 느껴질지 몰라요.

> **이미 시들어버린 사랑의 감정만 껴안고 있지 마세요.**
> 후회 없이 사랑했다면 그것만으로 충분합니다.
> 사랑한 그 순간만큼은 소중하니까요.

오귀스트 로댕Auguste Rodin, 사색Pens,
프랑스 오르세 미술관

08

아픔도 힘이 된다

이별

순백의 드레스를 입은 한 여인이 어딘가로 떠나가고 있습니다.
그녀의 눈, 코, 입, 표정은 모두 보이지 않습니다. 어두운 배경 속에서 마치 환영처럼 보이기도 합니다.
검은색 옷을 입은 남자는 시커멓게 잎을 드리운 나무에 의지하듯 기대어 서 있습니다. 심장을 움켜쥔 그의 손에는 붉은 피가 새어 나오고 있습니다.

함께 먼 길을 걸어온 듯한 여인과 남자는 이제 멀어지려 합니다.
먼 곳을 응시하며 걸어가는 여인과 체념한 듯 잿빛 얼굴로 고개를 떨군 남자는 이제 더 이상 함께하지 않을 것입니다.
하지만 아직 마음은 그렇지 않아 보입니다.
남자의 머리에 닿아 있는 여인의 머리카락은 완전히 이별하지 못하는 감정을 보여주는 듯합니다. 세상에 완벽한 이별이란 존재하는 걸까요?

뭉크의 어머니와 누이는 결핵으로 세상을 떠났습니다. 사랑하는 가족의 죽음은 어린아이에게는 커다란 상처가 되었습니다. '죽음은 내 요람 위를 맴도는 악령이었다'라는 뭉크의 말에서 그의 아픔이 고스란히 전해지는 듯합니다. 사랑하는 이의 죽음은 누구에게나 가장 큰 실연이라고 할 수 있습니다. 앞으로는 더 이상 볼 수 없어서 더욱 가슴 아픈 상처가 되는 것이고요.

시간이 약입니다. 좋은 기억들을 간직하고 그 상처가 아물 때까지 기다려야 합니다. 뭉크는 사랑하는 여인을 만나서도 죽음의 상처가 가시지 않아 힘들어했습니다. 어쩌면 이 그림에서 홀연히 떠나는 여인을 바라보며 가슴이 아파서 자신의 왼쪽 가슴을 움켜쥐고 있는 남성은 뭉크 자신이 아니었을까요.

뭉크는 실연의 아픔을 극복하는 과정을 그림으로 표현하였습니다. 그 수가 판화 18,000점, 드로잉 수채화 4,500점, 그 외 작품들이 1,100점이나

에드바르 뭉크Edvard Munch, 이별Separation,
노르웨이 뭉크 미술관

되었습니다. 그는 그리고 또 그리면서 자신의 병약함과 정신적 유약함, 그리고 트라우마를 극복하고자 노력했습니다. 가족의 죽음으로 점철된 슬픔과 아픔을 예술로 승화한 것이지요.

> 완전한 이별이 있을 수 있을까요?
> 이별의 잔상은 유령처럼 주위를 떠돌며 괴롭히곤 합니다.
> 어쩌면 시간만이 해결해줄 수 있을지 몰라요. 조금씩 잦아들기를 기다려 보세요.

09

새로운 사랑이 두려워요

이별 그리고 시작

여름 저녁. 시원한 호수 바람이 불어옵니다.
초록빛이 붉은빛과 어우러져 풋풋하고 싱그럽습니다.
두 남녀가 있는 공간으로 햇살이 내려와 떨림을 전하고 있습니다.

이들에게 사랑이 시작된 것 같습니다.
서로의 시선과 손을 어디다 두어야 할지 망설이고 있습니다.
눈앞에 펼쳐진 호수의 광경으로 시선을 돌리면서
조심스레 피어오르는 사랑을 감추는 듯합니다.
그림 속의 여인은 뒷짐을 지고 있습니다.

리카르드 베르그Richard Bergh, 북유럽의 어느 저녁Nordic Summer Evening, 스웨덴 예테보리 미술관

그러나 사랑의 감정을 감출 수 없어 상체를 앞으로 내밀고 잔뜩 긴장하고 있습니다. 남자 역시 팔짱을 끼고 한쪽 다리에 힘을 주면서 자신의 감정을 애써 숨기려 하고 있습니다.

사랑은 운명처럼 다가옵니다. 꼭 만나야 할 사람처럼요. 우연히 그 사람을 만나 운명적인 사랑에 빠져버리게 됩니다. 사랑의 모든 단계가 떨림의 연속이지만 두 사람이 만나 사랑을 시작하는 지금, 바로 이 순간이 가장 황홀한 때가 아닐까요.

새로운 사랑에 대한 설렘과 누군가와 또 다른 사랑을 한다는 두려움을 감추고, 조심스럽게 시작하는 이 시기가 저는 개인적으로 가장 아름답다고 생각합니다. 새로운 시작은 항상 설렘을 주니까요.

사랑에도 사계절이 있다고 하잖아요. 설렘 가득한 봄을 지나 비바람이 지나간 여름 저녁, 설렘이 무르익는 가을 저녁의 바람 앞에서 좀 더 솔직하고 당당하게 사랑하세요. 지나간 사랑의 아픔 때문에 새로운 사랑을 두려워하지도 마세요. 그리고 조금 더 마음을 열어보세요. 지금 당신 곁에 있는 그 사람이 겨울의 하얀 눈처럼 당신을 빛나게 해줄 수도 있으니까요.

> **상대를 좋아하는 마음이 너무 크면**
> 사랑하는 사람 앞에서 어떤 표정을 지어야 할지
> 어떤 말을 해야 할지 너무 떨릴 때도 있습니다.
> 그 사랑이 오래 되어 퇴색되어 버렸을 때 그 기억을 떠올려보세요.

세상과의 끈이
끊어진 듯해요

실직

바싹 메마른 피부와 주름진 여인의 시선이 헛헛해 보입니다.
무언가에 넋을 잃은 듯한 그녀의 표정에서 무기력과 슬픔이 배어납니다.
그녀의 상황을 보여주는 듯 바닥에는 먹다 만 빵조각이 굴러다닙니다.

속이 텅 빈 매미처럼 나무 기둥에 기댄 몸에선 의지나 의욕이 전혀 느껴지지 않네요.
공허한 눈빛으로 어딘가를 응시하는 그녀는 이제 어떤 기대도 품지 않은 듯합니다. 막막한 그녀에게 동정은 가지만 어떤 위로를 건네야 할지 모르겠습니다. 절망이라는 벼랑 끝에 내몰린 모습, 그녀는 일할 곳마저도 잃어버린 듯합니다.

    실직은 단순히 일을 그만두는 것 이상을 의미합니다. 업무적 관계는 끊기고 연락도 잦아듭니다. 외출이 줄어들고 지인과의 안부를 묻는 것 외에는 교류가 없어집니다. 하지만 이 시기에 사람들과 관계를 유지하는 것은 중요합니다. 사회적 관계 속에서의 위로와 공감은 실직의 고통을 극복하는 데 큰 힘이 되기 때문이지요. 실직자를 위로하는 방법은 구직 활동을 돕는 것 외에 정서적인 지지도 매우 중요합니다.

    실직자들은 미래의 불안으로 우울에 빠지고 무기력감을 느낄 수 있습니다. 실직을 겪게 되면 가장 먼저 무기력해집니다. 가족을 부양해야 한다면 경제적 어려움을 걱정하며 현실을 받아들이기 힘들어 합니다. 그동안 열정적으로 일해온 자신에게 화도 나고 후회도 밀려옵니다. 사람들을 만나기 싫어지면서 사회적 고립감이 생길 수도 있습니다.
    '누구보다 열심히 살았는데…', '그동안 무엇을 하고 살았던가', '앞으로 어떻게 살아갈 것인가' 이런저런 고민들로 혼란스럽고 막막하기만 합니다. 과거와는 단절되었고 미래는 불투명하기만 하지요.

    이런 충격을 조금이라도 누그러뜨리고 다시 일어설 수 있는 기회와 시간을 주는 것이 사회복지 제도입니다. 무엇보다 우리에게는 다시 일어설 수 있는 심리적인 용기가 필요합니다. 나만이 겪는 것이 아니고 많은 사람들이 이런 어려움을 겪으며 극복해 나가고 있습니다.

실직으로 인한 상처는 어른들만의 것이 아닙니다. 상담을 하다 보면 아이들 역시 부모만큼의 심리적 고통을 겪고 있어요. 실직을 한 가장은 아이들에게 자신을 무시한다고 화를 내고, 배우자는 배우자대로 힘들어합니다. 그 불안과 상처는 아이에게까지 고스란히 전해집니다.

현실을 받아들이고 다시 일어서는 적극성이 필요합니다. 마음은 아프지만 상실감을 툭툭 털어내야 합니다. 특히 가장이거나 생계를 책임지는 경우라면 빨리 일어나야 합니다. 물론 가족들을 비롯한 주변의 도움도 필요합니다. 실직은 전쟁을 경험한 것만큼의 충격이라고도 합니다. 불안해하는 이의 마음을 이해하면서 무엇보다 공감을 해주는 것이 좋습니다. 스스로를 자책하며 다시 일어설 힘조차 잃어버리기 전에 말이죠.

> 그동안 너무 수고하셨어요.
> 쉼 없이 달려온 당신은 충전의 시간이 필요합니다.
> 꽉 채우면 다시 시작할 수 있으니까요.

에드가 드가Edgar Degas, 로마의 거지 여인A Roman Beggar Woman,
영국 버밍엄 박물관 & 아트 갤러리

11

헤어지고 싶지 않아요

사랑하는 이의 죽음

호수의 물이 빛을 받아 반짝입니다.
어찌 보면 화사하면서도 하염없이 바라보다 보면 나도 모르게 침잠하는 느낌도 듭니다.
물가에 계속 있으면 우울해진다는 이야기가 있는데, 마치 물 속으로 빨려들어갈 것 같은 느낌 때문일 것입니다.

　대부분 사람들은 죽음 앞에서 속수무책입니다. 어떻게 대처할 바를 몰라 쩔쩔매기만 합니다. 사별로 인한 슬픔은 갑작스럽기 때문에 더 힘듭니다. 실제로 주변에서도 사별 이후 건강이 악화되는 경우를 종종 보게 됩니다. 의학적으로도 사별 후 심혈관 질환으로 사망하는 경우가 많은데, 정신적인 스트레스가 신체적 증상으로 표출되는 경우입니다.

사람들은 사별 후 무의식적으로 슬픔을 억누르려고만 합니다. 스트레스와 우울감은 '카테콜라민'이라는 호르몬을 발생시키는데 이 호르몬은 심장 혈관에 부담을 주게 됩니다. 그런데 이 호르몬은 눈물로 배출이 가능하다고 해요. 소리 내어 펑펑 우는 것은 정신적으로나 신체적으로 도움이 됩니다.

인도의 지도자 간디는 "속박이 있기에 나는 날 수 있다. 슬픔이 있기에 나는 높이 날아오를 수 있다. 역경이 있기에 나는 달릴 수 있다. 눈물이 있기에 나는 앞으로 나아갈 수 있다."라고 말했습니다. 우는 것은 단지 마음이 약해서가 아닙니다. 그것은 앞으로 나아가기 위해 필요한 쉼이자 지친 나를 내려놓을 수 있는 '마음의 리셋'입니다.

슬픔 앞에서 많은 이들이 마음을 굳게 닫아버리곤 합니다. 그러다 어떤 음악을 듣거나 한 장의 그림을 보고, 어떤 말들을 듣고 나서 울음을 터트립니다. 우는 행위로 마음이 열리는 셈이지요. 실컷 울고 나면 스트레스가 풀리고 마음까지 시원해지는 경험은 누구나 한 번쯤 있을 거예요. 저는 상처받은 이들, 위기를 겪고 있는 이들, 마음이 아픈 이들에게 울고 싶을 때 맘껏 울라고 말합니다. 슬픔이 앞으로 나아갈 힘이 되기도 하거든요.

또한 사별로 인해 힘든 상황을 주변에 이야기하는 것도 도움이 됩니다. 감정을 누르려 애쓰는 것은 스트레스 호르몬을 발생시킬 수 있습니다. 정서적으로 가까운 이들과 지속적으로 대화하며 자신의 감정을 솔직하게 드러내는 것이 필요합니다.

그리고 햇빛을 받는 것도 중요해요. 세로토닌은 '행복 호르몬'으로 불리는데, 이 호르몬은 햇빛을 받으면 분비됩니다. 산책이나 야외 활동이 힘들다면 집 안에 햇볕이 들어오게 하는 것만으로도 일상에 변화를 줄 수 있습니다.

> 울고 싶을 땐 펑펑 울어보세요.
> 때로는 카타르시스가 필요합니다.
> 슬픔을 표현해야 비로소 행복해질 수 있으니까요.

구스타브 클림트Gustav Klimt, 아테제 호수의 섬Island in the Attersee, 개인 소장

12

참을 수가 없어요

분노조절장애

몸을 한껏 뒤튼 다윗이 골리앗에게 돌을 막 던지려는 찰나입니다.
앙다문 입술과 힘을 준 손에서 다윗의 긴장감을 엿볼 수 있는데요.
물맷돌 하나로 무시무시한 거인 골리앗을 쓰러뜨려야 하는 순간이 잘 표현되어 있습니다.

베르니니의 다윗상은 마치 다윗과 골리앗의 싸움 한가운데 서 있는 듯한 경험을 주는 역동적인 작품입니다. 건너편에 골리앗이 있다고 상상해 보면 어떨까요? 거인인 자기를 상대하겠다고 나온 어린아이의 모습에 화부터 치밀어 오르지 않았을까 싶습니다.

요즘 우리 사회의 키워드중 하나는 '분노 조절'입니다. 지나친 경쟁 구도와 급격한 사회 변화로 스트레스는 늘어나고 자신의 감정을 돌아볼 수 있는 시간은 줄어들면서 사람들이 분노를 조절하는 데 어려움을 겪고 있습니다. 이로 인해 다양한 사건과 사고들이 발생하고 있고요.

자기 관리에서 가장 중요한 것은 자신의 감정을 잘 조절하는 능력입니다. 우리가 가장 조절하지 못하는 감정 중 하나가 바로 분노입니다. 어떤 지점에서 자신의 분노가 계속 터져나오는 것을 느낄 수 있잖아요. 자신의 예민한 부분만 건드리면 분노가 터지는 지점이 누구에게나 있을 거예요. 다시 말해 트라우마입니다. 이런 것들을 잘 조절하지 않으면 그간 쌓아왔던 것들이 한순간에 무너질 수도 있어요. 감정 조절을 잘할 때 성숙한 사람으로 성장해가는 과정이 될 수도 있어요. 하지만 상처 받은 상태에서 자신의 감정을 화내지 않고 잘 표현한다는 건 쉽지 않아요.

화를 슬기롭게 푸는 것이 필요합니다. 폭력성을 띠거나 공격적인 행동은 피해야 해요. 또한 감정만 표현하지 말고 그 감정의 이유에 대해 정확하게 표현해야 합니다. 그러한 감정을 품게 된 이유를 찾게 되면 무조건 상대방을 탓하는 것이 줄어들게 됩니다. 그리고 나의 감정만이 아닌 다른

사람에게도 감정을 드러낼 기회를 주는 것이 중요해요. 화를 내더라도 상대방과 싸워 이기려는 태도를 버리고 감정을 표현하는 시간으로 전환시키는 훈련이 필요합니다.

화를 마구 표현하면 분노 조절에 문제가 있는 사람이라고 합니다. 그렇다고 참기만 하고 분노를 표출하지 않으면 마음의 병이 됩니다. 참는 것이 모든 것을 해결해주지는 않습니다. 건강한 분노는 삶에 활력소가 되기도 합니다. 우리는 건강하게 화를 표출할 수 있어야 합니다. 스포츠나 정기적인 모임, 명상 등을 통해 분노를 건전하고 건강하게 풀어보는 것은 어떨까요?

> 누구나 화가 불쑥 치밀어 오를 때가 있죠.
> 먼저 하나, 둘, 셋, 천천히 심호흡을 하고 왜 화가 났는지 자신에게 물어보세요.
> 대개는 별일 아닐 수 있답니다.

조반니 로렌조 베르니니Gian Lorenzo Bernini, 다비드David, 이탈리아 보르게세 미술관

13

기댈 데가 없어요

중독

고통스러운 얼굴을 한 남자가 보이네요.
마치 뮤즈 같은 반투명의 녹색 여인이 테이블 위에 걸터앉아 남자와 대화를 하는 듯합니다.
바로 술 압생트Absinthe입니다. 중독성이 강한 이 술은 환각 상태를 불러일으켜 마약으로 불리기도 했습니다. 압생트를 사랑한 작가 오스카 와일드는 '녹색 요정'이라는 이름을 붙이기도 했죠.
이 그림을 그린 빅토르 올리바는 압생트를 마시면 녹색 요정이 나타난다고 했습니다. 이 모습처럼 말이죠. 녹색 요정이 머리를 감싸고 있는 남자를 위로해주는 듯합니다.

19세기 말, 많은 예술가들이 압생트를 사랑했습니다. 반 고흐, 톨루즈 로트렉, 드가, 마네, 피카소 등이 그 술을 즐겨 마셨고 모두 작품으로도 남겼을 정도였죠. 그 시대 예술가들에게 압생트는 술 이상의, 영감을 주는 뮤즈 같은 존재였습니다.

우리는 술, 쇼핑, 인터넷 등 끊임없이 중독에 노출된 채 살아가고 있습니다. 이미 통제불능의 상태에 이른 이들도 많습니다. 우리는 왜 중독에 빠지게 될까요? 보통 상실감이 느껴질 때 그 상실감을 채우기 위해 다른 매개체를 활용하기 때문입니다. 그 활용이 지나치게 반복될 때 중독이라 말할 수 있습니다. 보통은 우울, 무기력 등을 혼자 해결해 보려다 중독에 빠지는 경우도 많아요. 또한 쇼핑을 하거나 술을 마실 때 오는 잠깐의 쾌감, 환상 때문에 중독이 되기도 해요. 그 행복한 기분이 실체가 없는 환상이라는 것을 깨닫지 못하고 빠져들어 끊지 못하게 되지요.

황홀하다는 순간의 착각으로 공허감을 채울 수는 없어요. 중독에서 벗어나기 위해서는 나를 속이는 것부터 멈춰야 합니다. 중독은 그야말로 나를 파괴하는 행위입니다. 순간의 불안감이나 두려움을 잠재우기 위해 중독에 빠지는 것은 도피일 뿐이에요. 자신의 두려움과 불안에 직면할 필요가 있습니다. 무의식 속 상처를 마주하지 않고 자꾸 외면할수록 내면에 자리 잡은 불안감과 두려움은 점점 커지게 됩니다. 그러다 결국 나 자신을

빅토르 올리바Viktor Oliva, 압생트 마시는 사람 The Absinthe Drinker
체코 카페 슬라비아

집어삼킬 수도 있습니다.

중독을 벗어나기 위해서는 자기 자신을 믿는 것이 가장 중요합니다. 무언가에 의지하지 않고 스스로 서려는 마음가짐이 필요합니다. 나에게 다가오는 희로애락을 받아들이고 그 여운을 즐길 줄 아는 태도가 필요합니다. 슬픔은 슬픔대로, 기쁨은 기쁨대로 온전히 받아들이고 살아가는 것, 그것이 바로 나 혼자 스스로 일어선 삶입니다.

> 중독으로 자신을 파괴하지 마세요.
> 당신은 누구보다 소중한 존재입니다.
> 어떤 것에도 의지하지 마세요. 나 자신을 믿는 것이 중요합니다.

14

하루도 쉬운 날이 없어요

우울증

한 소녀가 항아리 가득 물을 받고 있습니다.
어딘가 멀리 응시하는 소녀의 표정에서 고단함이 묻어납니다.
앞으로의 삶도 녹록하지 않음을 알아챈 것일까요.
물을 담아 무거워진 항아리만큼 되돌아가는 길은 그 무게가 더하겠죠.
감당하기 벅찬 삶의 무게 앞에, 살아가는 일이란 모두에게 쉽지 않은 일입니다.

누구나 우울함을 느낄 때가 있죠. 하지만 우울이라는 감정을 오랫동안 방치하면 깊은 병이 되어 죽음으로 몰고 가기도 합니다. 의학적으로 볼 때 우울증은 의욕을 떨어뜨리고 우울감을 일으키는 정신적, 신체적인 질환입니다. 유전적인 원인이 있을 수도 있고 주변 환경의 영향도 많이 받습니다.

우울증을 극복하기 위해서는 여러 가지 방법을 시도할 수 있습니다. 우선 햇빛을 쬐는 것이 도움이 됩니다. 산책이나 일광욕을 하는 것은 숙면을 유도하는 멜라토닌과 행복 호르몬인 세로토닌 분비를 촉진해 우울증을 예방하거나 줄일 수 있어요.

우울증의 증상 중 하나는 아무것도 하기 싫어진다는 것입니다. 이렇게 무기력한 증상을 극복하기 위해서는 계획을 세우고 실천하는 것이 필요해요. 이때 과도한 계획을 세우면 실천하기 어려울 수 있어요. 꼭 하고 싶은 일들을 한두 개 정도 정해서 실행하는 것이 우울감을 완화하는 데 도움이 됩니다.

소소하게 본인의 헤어스타일이나 패션 등을 바꾸면 색다른 기분을 느낄 수도 있습니다. 주변 환경을 바꿔보는 것도 좋은 방법입니다. 방의 인테리어에 변화를 줄 수도 있겠죠. 이때 내가 좋아하는 색의 그림이나 소품을 주변에 두면 컬러 테라피의 효과도 볼 수 있습니다. 난색 계열의 주황이나 노란색 등을 활용하면 의욕을 자극할 수 있고, 따뜻하고 밝은 기운으로 우울한 마음에 위로와 격려를 줄 수 있습니다.

아리 셰퍼Ary scheffer, 분수의 성녀 마가렛Margaret at the Fountain,
개인 소장

계절에 따라 먹는 것, 지내는 공간,
몸에 걸치는 것에는 그토록 신경 쓰면서
왜 정작 우리 자신의 마음은 돌보지 못하는 걸까요?
날이 추워지면 솜이불도 덮어주고
온도도 높여줘야 하는 게 당연하죠.
내 마음이 우울하고 쌀쌀하다면
내 마음에 덮어줄 이불을 꼭 찾아보세요.

15

부서진 나

몸과 마음의 고통

굽이치는 짙은 푸른색의 파도를 배경으로
한 여인이 정면을 응시하고 있습니다.
짙은 눈썹과 흔들림 없는 눈빛, 굳게 다문 입술에서
내면 깊숙이 가라앉은 그녀의 마음이 느껴지는 건 왜일까요.
다가올 슬픈 운명을 꿰뚫어 보는 걸까요?
혹은, 지금의 고통을 담담하게 받아들이는 표정일까요.

프리다 칼로는 자화상을 많이 남겼습니다. 열여덟 살 나이에 겪은 교통사고로 그녀는 평생을 극심한 고통 속에 살아가야 했습니다. 척추뼈, 갈비뼈, 늑골뼈, 골반뼈가 모두 부서졌고, 왼쪽 다리는 열두 조각으로 부러졌습니다. 특수 제작된 코르셋을 입고 고통을 이기기 위해 그녀가 택한 방법은 그림을 그리는 것이었습니다.

그녀는 신체적, 정신적 고통뿐만 아니라, 그녀에게 닥친 불행과 시련을 모두 적나라하게 화폭에 담아내면서 상처를 치유하려 했습니다. 특히 자화상을 많이 그렸는데, 나의 모습을 들여다보면서 나를 더 알고자 했던 절박한 시간들 아니었을까요?

현대인들은 신경성 스트레스가 많습니다. 화병이나 공황 발작 등 심리적 문제로부터 비롯된 심인성 질환이 많이 나타납니다. 이런 심리적 질환을 잘 다스리지 못하면 신체 질환도 함께 생길 수 있습니다. 특히 우리는 '화병'이라는 말을 자주 쓰는데요, 다른 나라에서는 이해되지 않는 병명이라고 해요. 한국인들에게는 '한의 정서'가 있고 참고 인내하는 문화가 있기 때문입니다. 감정을 억제하고 스트레스가 쌓이면 몸과 마음의 병이 생깁니다. 화병이나 가슴이 답답한 증상이 있다면 이미 몸과 마음이 나에게 경고하고 있는 것입니다.

이때 나를 힘들게 하는 것과 거리를 두고 나 자신을 돌보는 것이 우선입니다. 몸이 아프다고 해서 마음을 다스리지 않고 약물 등으로만 치료하

프리다 칼로Frida Kahlo, 벨벳 드레스를 입은 자화상Self-portrait in a Velvet Dress, 개인 소장

려는 것은 좋은 방법이 아닙니다. 근본적인 치료가 아니기 때문이죠. 나의 몸과 마음이 보내는 신호가 어떤 의미인지를 이해하고, 몸과 마음을 편안하게 하려는 노력이 필요해요. 나의 삶 전체를 그려 보며 현재를 사는 삶의 태도를 가다듬어보세요.

힘든 일을 겪고 나면 몸과 마음이 지쳐 있는 자신을 발견하게 됩니다. 저 역시 몸이 회복이 안 될 정도로 힘든 시기가 있었어요. 이때 몸은 나의 과거를 기억하고 있음을 떠올리며 나 자신과 대화를 나눴더니 상황을 좀 더 객관적으로 바라보게 되고 생각도 긍정적으로 바뀌었습니다.

마음도 마찬가지겠죠. 나 자신을 힘들게 하는 것에서 조금 떨어져 있어야 할 때가 있습니다. 마음이 지치면 인간관계나 일에 대해서도 의욕이 생기지 않을 때가 있습니다. 마음의 고통에만 빠져 자기 자신에게 매몰되는 것을 경계해야 합니다.

자기 자신에게 매몰되면 몸의 에너지가 방전되는 것도 느끼지 못하는 경우가 많아요. 어느 순간에는 아무리 정신력이 강해도 신체적, 심리적으로도 버티기 힘든 한계가 올 수 있습니다.

나의 상황을 한발 떨어져서 바라보는 자세, 잠시 쉴 수 있는 시간, 나를 진심으로 아끼고 사랑하는 주위 사람들을 통해서 지금의 '나'를 살펴보는 것은 어떨까요? 이는 방관자의 자세를 말하는 것이 아닙니다. 때로는 객관적인 자기 평가가 중요하다는 것입니다. 자기를 잘 조절하는 것은 자기 자신을 사랑하는 또 다른 방법입니다.

> 누군가와 멀어지고 나면 그를 더 잘 알 때가 있어요.
> 그건 자기 자신에게도 해당될 수 있어요.
> 잠시, 나 자신과 거리를 두어보세요.
> 지금의 내 모습이 더 잘 보일 거예요.

16

아무것도 하기 싫어요

무기력

부러질 듯 가늘고 긴 인체의 모습입니다. 세상에 홀로 남겨진 듯 위태롭게 서 있는데요. 아주 작은 충격에도 버스러질 것만 같습니다. 골격만 앙상한 인체가 나약해 보이기도 하지만 힘없는 가운데서도 앞으로 걸으려는 의지가 느껴지기도 합니다. 금방이라도 쓰러질 것 같지만 마지막 힘을 내어 자신의 길을 걷고 있네요.

자코메티의 작품 '걷는 사람'입니다. 조금만 부딪혀도 부서질 듯한 이 작품의 실제 크기는 183cm로, 실제 인체 크기와 비슷합니다. 지난 2010년 1억 430만 달러에 팔

리면서 피카소의 〈파이프를 든 소년〉의 기록을 경신한 작품이기도 합니다. 부피감은 전혀 없이 골격만 앙상한 인체는 자코메티 작품을 관통하는 특징이기도 합니다.

자코메티는 정신적인 위기 상황에서 좌절에 빠진 인간의 불안을 섬세한 통찰력으로 표현했다는 평을 받는 작가입니다. 그는 "모든 것을 잃었을 때 그 모든 걸 포기하는 대신 계속 걸어나가야 한다. 이것이 환상 같은 감정일지라도 무언가 새로운 것이 다시 시작될 것이다."라고 글을 쓰기도 했습니다. 2차 세계대전을 겪은 그는 전쟁의 상처로 신음하는 인간들을 보면서 인간이라는 존재의 가벼움에 절망했습니다. 사람은 누구나 상처받기 쉬운, 나약한 존재이기도 하지요. 이와 같은 이유로 철사 가닥 같은 가늘고 긴 인체를 표현하여 극한 상황에 놓인 인간의 고독한 실존을 형상화했습니다.

정신적 위기는 여러 종류가 있겠지만 그중 의욕이 없는 삶은 최악에 가깝습니다. 우리가 가장 의욕이 없어질 때는 언제일까요? 첫 번째는 누군가에게 강요받을 때입니다. 스스로의 동기 부여 없이 타인의 강요로 하는 일은 의욕이 떨어지게 마련이지요. 두 번째는 그 의미를 이해할 수 없을 때입니다. 어떤 일이나 업무, 일상생활 등을 하는 의미가 와닿지 않을 때 의욕은 떨어집니다. 세 번째는 위기감이 없을 때입니다. 이때 말하는 위기감

은 부정적인 의미가 아닌, 태평스러운 감정의 반대를 뜻합니다. 네 번째는 종료 시점이 없을 때입니다. 흔히 일할 때도 마감 기한이 없으면 늘어지게 마련이잖아요. 마감 기한은 속도감을 생기게 만들기도 합니다. 이런 장치들을 통해 의욕을 의도적으로 낼 수 있도록 해보세요.

의욕을 되살리는 방법 중 또 중요한 하나는 바로 재충전의 시간입니다. 우선 충분한 휴식이 필요해요. 휴식을 취하면 안정감을 얻고 스트레스와 우울함을 날려버릴 수 있고 긍정적인 사고도 생겨납니다. 더불어 오롯이 자기 자신만을 위한 시간을 갖겠다는 마음을 가져보세요. 무엇을 하겠다거나 무언가를 이루겠다는 욕심을 버린다면 참다운 휴식을 할 수 있을 거에요.

> 바닥까지 내려온 것 같은 때가 있어요.
> 잠시 쉴 시간이에요.
> 초조해할 필요 없답니다.
> 이제 곧 비상이 시작된다는 신호니까요.

알베르토 자코메티 Alberto Giacometti, 걷는 사람 I The Walking Man I, 개인 소장

마음을 터놓을 사람이
아무도 없을 때

고독

책을 읽다 멈춘 소녀가 다른 곳을 응시하고 있습니다.
생각에 잠긴 것일까요,
떨쳐 버릴 수 없는 기억이 문득 떠오른 것일까요.
슬픔에 빠진 눈망울은 곧 울음을 터트릴 것만 같습니다.
위로를 얻기 위해 책을 들었지만
책 속에선 찾기 힘들었던 것 같네요.
자신을 괴롭게 만든 세상을 다시 바라보고 있습니다.

'슬픔에 젖어'라는 제목의 이 작품은 아련한 표정의 소녀를 세심한 필치로 표현하고 있습니다. 책을 보다 생각에 잠긴 듯한 눈으로 다른 곳을 바라보고 있는 그림 속 소녀에게 지금 필요한 건 누군가의 위로나 공감이 아니었을까요?

성경책의 옆면은 붉은색입니다. 그림 속 소녀가 읽고 있는 책처럼 말이죠. 하루의 많은 시간을 기도하거나 성경을 읽으며 보내는 듯한 분위기입니다. 인생의 아픔을 겪기엔 아직 앳된 얼굴의 소녀인데요. 전체적인 분위기에서 세상 밖과 소통하기가 어려운 고립감과 두려움, 외로움이 느껴집니다.

공감 능력은 사회관계에서 중요한 역할을 합니다. 타인의 감정을 자신의 감정처럼 느끼고 이해하는 능력이 바로 공감 능력인데요. 사람들은 공감을 통해 소속감이나 존재감을 느낄 수 있습니다. 자신이 누군가에게 이해받고 있다고 느낌으로써 혼자가 아님을 깨닫는 것이지요. 그러면서 자존감을 키우고 동기가 유발되면서 일상을 잘 살아갈 수 있는 것입니다.

공감받고 싶으세요? 그렇다면 먼저 타인의 감정에 공감해보세요. 타인의 감정을 내 감정처럼 느끼고 알아줄 때 나 자신도 타인에게 받아들여질 수 있을 것입니다.

자기애적 성향이 강한 사람들이 있어요. 이런 사람들은 자신이 가지고 있는 자기중심적인 생각들을 내려놓는 것이 우선입니다. 자신을 둘러싼

여러 문제를 고요히 들여다보는 시간이 필요하고, 타인과의 소통에도 보다 더 신경 써야 합니다.

사람의 마음을 얻는 일, 마음이 머물게 한다는 일은 정말 어려운 일이지요. 공감은 인간관계에서 가장 중요한 키워드입니다. 자신에게 매몰되거나 주변 이들과의 교감이 없다면 인생이 더욱 외롭거나 힘들어질 수 있습니다.

"세상에서 가장 어려운 일이 뭔지 알아?"
"흠... 글쎄요. 돈을 버는 일? 밥 먹는 일?"
"세상에서 가장 어려운 일은 사람이 사람의 마음을 얻는 일이란다.
 각각의 얼굴만큼 다양한 각양각색의 마음을,
 한순간에도 수만 가지의 생각이 떠오르는데
 그 바람 같은 마음을 머물게 한다는 건 정말 어려운 일이란다."
- 생텍쥐페리의 《어린 왕자》 중에서

프리드리히 폰 아멜링Friedrich Von Amerling, 슬픔에 젖어Lost in Dreams, 리히텐슈타인 파두츠 궁성

클로드 모네

아직도 나는
날마다 새롭게
아름다운 것들을
발견한다.

PART III.

너도 행복해질 수 있어

01

늙어간다는 것

나이듦

중년의 여인이 거울 속 자신을 쳐다보고 있습니다.
공연을 앞둔 여배우의 모습인데요.
무대를 오르기 전 그녀는 무엇을 마주하고 있을까요?
젊음의 뒤안길로 접어든 자신의 모습 앞에서
수없이 받았을 스포트라이트를 이제는 내려놓아야 할까,
어느새 다가온 세월의 무게를 결국 껴안아야 할까,
여러 생각으로 씁쓸한 마음이 느껴지는 표정입니다.

누구에게나 세월은 공평하게 다가오죠. 그림 속 여배우에게도 시간은 비껴가지 않았습니다. 받아들이기

싫지만 결국 맞이해야 하는 것이 '세월의 무게'가 아닐까 싶은데요. 늙어가는 자기 자신을 마주하게 되는 것은, 인생이라는 무대에서 살아가는 우리 모두에게도 해당되겠죠. 하지만 나이 든다는 것은 초라해지는 게 아니라 성숙해가는 일이기도 합니다.

현대인의 평균 수명은 예전에 비해 늘어났으며, 노인이 된다는 것은 누구나 자연스럽게 겪는 현상입니다. 하지만 나이가 드는 것을 자연스럽게 받아들이는 사람은 생각만큼 많지 않아요. 노인에 대해 부정적인 인식이 그만큼 강하다는 뜻이기도 합니다.

나이가 들어가면서 우리는 꿈이나 목표도 잃어버리곤 합니다. 하지만 '나이는 숫자에 불과하다'라는 말이 있잖아요. 나이 드는 것을 핑계로 내세우지도 않고 위축되지도 않는 자세가 필요해요. 나이가 들면 풍부한 인생 경험을 바탕으로 젊은이들에게 조력자의 역할을 할 수 있습니다. 또한 자신의 꿈이나 목표를 향해서도 현실적인 방향으로 나아가게 되어 성공할 확률이 높아집니다. 무기력해지는 것은 단지 마음의 문제일 뿐이에요. 건강한 마음을 유지하는 것이 멋진 인생을 사는 방법일 것입니다.

나이가 들면서 더 멋지고 성숙해지는 내면을 느낄 수 있다면 얼마나 좋을까요. 그렇지만 나이듦에 대한 불안감은 모두에게 불현듯 찾아옵니다. 특히 우리나라 여성들은 늙는다는 것에 예민합니다. 그러나 우리는 이럴

존 보에 폴슨Jon Boe Paulsen, 크리스틴의 초상Portrait of Christine, 개인 소장

때 삶의 지혜와 한층 성숙해진 연륜을 갖출 수 있도록 노력해야 하지 않을까요?

사회적 분위기도 나이듦에 대한 부정적인 인식에 한몫합니다. 나이드는 것을 사회로부터, 인생으로부터의 퇴출이라는 의미로 받아들이는 경우가 많기 때문이죠. 그걸 피하기 위해 과도한 성형이나 치장에 몰두하는 이들도 많습니다. 이것을 '자기상대화 이론Self Objectification theory'으로 설명하면, 자신을 제3자의 눈으로 평가하는 데만 치중해서 외모지상주의 등에 빠지기도 하는 것이죠.

외모를 중시하는 사회적 분위기는 외모에 민감한 사람들의 심리를 취약하게 합니다. 타인을 의식하면 할수록 외모에 대한 자신감도 사라지고 심리적인 자존감도 떨어지기 때문입니다. 평가하는 자는 항상 우월한 위치이고 평가받는 사람은 항상 심리적으로 위축되게 마련이지요. 나이드는 것을 부끄럽게 여겨 과도하게 꾸미고 화장하는 것은 오히려 역효과를 내기도 합니다.

나이듦을 인정하고 자신의 생각이나 내면에 더 집중해 보면 어떨까요? '예쁘다'는 말도 좋지만 '아름답다', '멋있다', '당당하다', '성숙해 보인다', '인자해 보인다' 등의 칭찬도 좋지 않나요? 젊음의 순간을 잘 보낸 후 가을처럼 성숙한 시간을 있는 그대로 맞이하는 것이 아름다운 어른의 모습이 아닐까요?

> 인생의 사계절을 겪은 후 어른이 된다는 것,
> 그것 자체로도 인생은 아름답습니다.
> 오늘 이 모습 그대로 행복하세요.
> 지금 들려오는 노랫소리, 바람소리, 꽃향기를 마음껏 즐기세요.

02

이제 아무도
믿지 않아요

사랑하는 이의 배신

퀭한 눈을 한 남자의 표정은 무엇을 말하고 있는 걸까요?
미안함일까요. 당황스러움일까요.
그런 그를 힘껏 끌어안고 있는 여자의 가느다란 팔,
그 몸짓에 처절함과 절실함이 묻어납니다.
이별을 앞둔 남녀의 모습입니다.
이미 마음이 떠난 남자의 껍데기라도 잡으려는 여인,
그 절망의 아픔이 선 하나하나에 배어 있는 듯합니다.

에곤 쉴레는 관능적이면서도 음울함을 담은 작품

을 많이 남겼습니다. 이 그림은 쉴레가 에디트라는 여성과 결혼하기 위해 동거녀 발리에게 이별을 고하는 장면을 담은 것입니다. 제목 속의 '죽음'은 실제 죽음이 아닌, 죽음처럼 절망적인 소녀의 상황을 표현한 듯합니다. 쉴레의 마음속에서 소녀는 이미 죽은 존재이기도 하고요. 어두운 심연에 빠진 여인의 슬픔은 까미유 클로델의 작품 '왈츠'에서도 발견할 수 있습니다.

남녀의 몸이 한쪽으로 기울어져 있네요.
남성 품에 맥없이 기댄 여성은 곧 쓰러질 것만 같습니다.
카미유 클로델은 로댕과 헤어진 후에 이 작품을 제작했어요.
영감의 대상이자 연인을 잃은 카미유의 상실감이 느껴집니다.
그 상실의 슬픔과 상처가 이 작품에서 극대화되고 있어요.

　　로댕은 어린 카미유를 육체적으로도 탐하고, 여러 작품에서 모델로 등장시키기도 했지요. 하지만 로댕은 결국 자신의 옆을 오랫동안 지킨 부인에게로 돌아갑니다. 그 뒤로 그녀는 로댕이 자신의 작품을 훔치거나 자신을 죽이려 한다며 정신분열 증상까지 보였습니다. 변해버린 사랑 때문에 마음의 병까지 얻게 된 것이죠. 나중에는 자신이 조각한 작품들을 스스로 파괴할 정도로 피폐해지고 맙니다. 이 작품에는 강해 보이지만 결국 연약한 한 여자의 우울한 사랑이 '왈츠'라는 소재를 통해 잘 드러나고 있습니다.

에곤 쉴레Egon Schiele, 죽음과 소녀Death and the Maiden, 오스트리아 벨베데레 미술관

사랑하는 사람과 이별할 때 상대방에게 배신당했다는 느낌이 들 때가 있는데요. 내 마음은 그대로인데 상대방이 변했다는 생각 때문이겠죠. 그 사람이 나를 가장 외롭고 힘들고 괴롭게 한다는 원망마저 듭니다. 이런 배신감은 인간이기에 느낄 수 있는 감정이기도 하지요.

세상의 모든 이별이 상대방을 불행에 빠뜨리거나 고통을 주기 위한 것은 아닙니다. 하지만 이별을 당하는 입장에서는 무방비 상태에서 고통스러운 상황에 노출되는 것과 같아요. 더 나아가 상대방을 믿고 애정을 쏟았던 것이 큰 잘못처럼 여겨져, 자신의 삶 자체를 통째로 후회하게 만들기도 하고요.

자신이 받은 상처에 대한 집착에서 벗어나는 것이 중요합니다. 배신당한 것이 내 잘못이라는 생각도 버려야 합니다. 그리고 다시 내 삶을 온전히 살기 위한 노력이 필요합니다. 그러다 보면 그 고난의 열매인 '한 뼘 더 성장한 나'를 언젠가 만날 수 있을 것입니다.

> 사랑의 아픔으로 모든 것이 흔들거려요.
> 언젠가 이 모든 것이 멈추면
> 난 많이 달라져 있을 것 같아요.

카미유 클로델Camille Claudel, 왈츠La Valse,
프랑스 로댕미술관

03

다시는 볼 수 없어요

아이를 잃었을 때

부부가 절망에 빠져 있습니다.
작은 관에는 아이가 누워 있습니다.
맏이의 죽음 앞에 망연자실한 부모의 모습입니다.
떨군 고개로 바라본 바닥의 깊이는 얼마나 깊을까요?
그 절망과 슬픔의 끝이 보이지 않을 듯합니다.

이 그림은 구약성경에서 모세가 이집트를 탈출할 때의 이야기를 묘사하고 있습니다. 이집트를 떠나려는 모세와 유대인들을 파라오가 막자 하늘에서 열 가지의 재앙을 내립니다. 그중 마지막 재앙은 모든 이집트 집안의 맏아이의 목숨을 거두어가는 것이었습니다.

'부모는 산에 묻고 자식은 가슴에 묻는다.'라는 옛말이 있듯 부모는 자녀의 죽음 앞에 큰 슬픔에 빠집니다. 자식을 잃어버린 스트레스로 인해 우울증에 걸리거나 교감 신경계, 면역 체계, 호르몬 분비량 등이 영향을 받아 심장병이나 암 등 만성 질환에 걸릴 확률이 높다는 연구도 있습니다.

　부모에게 자녀의 죽음은 고통 그 자체입니다. 아이와의 추억이 한순간에 사라지면서 부모의 삶이 송두리째 흔들리게 되는 것이죠. 그 결과 가정이 파괴되고 부부 관계 또한 깨어지는 경우가 많습니다. 또한 자녀를 잃은 부모들은 자녀의 죽음 앞에 아무것도 할 수 없다는 무기력감에 빠지며 매우 오랫동안 슬픈 감정이 지속됩니다. 마음의 병이 점점 커지게 되는 것이죠.

　거기다 자녀를 살릴 수 없었다는 죄책감은 부모의 남은 생을 옭아매기까지 합니다. 이런 부모들을 위로하기 위해서는 정서적인 지지와 공감이 가장 큰 도움이 됩니다. 너무 가슴 아픈 일이지만 자연스럽게 이야기를 나누며 자신의 감정을 드러낼 수 있도록 돕고 일상으로 돌아올 수 있도록 해야 합니다.

　보통 깊은 슬픔을 다루는 가장 좋은 방법을 그 상처를 '다루지 않는 것'이라고 생각하고 억누르는 경우가 많아요. 시간이 약이라는 말을 건네며 그저 잊는 것이 좋은 방법이라고들 합니다. 그렇다고 잊혀질까요? 그 상처는 켜켜이 쌓여 언젠간 크게 덧날 수 있습니다. 진실로 잊는다는 것은 슬픈 기억을 자연스럽게 받아들이는 것이 아닐까요? 슬픔을 다 표출한 다음 덤

찰스 S. 피어스 Charles Spargue Pearce,
이집트의 장자의 죽음에 대한 애도
Lamentations over the Death of the First-born of Egypt,
미국 스미소니언 미술관

덤해지고 추억으로 정리할 수 있게 될 때 아픈 감정은 치유될 수 있습니다. 그림을 하나 더 살펴볼까요?

**살을 파고드는 추위에 눈까지 쌓인 겨울 아침,
관을 소중히 안은 어머니는 넋이 나간 듯 멍하게 발걸음을 디디고 있습니다.
어두운 새벽의 흰 눈빛은 희다 못해 푸르게 느껴집니다.
코끝을 에는 듯한 바람이 느껴집니다.
이들 부부는 겨울바람을 온몸으로 맞으며 어디서부터 걸어온 것일까요.
첫 아이의 장례를 치르기 위해 걸어가는 이 부부의 마음은 춥다 못해 시릴 것입니다.
살을 에는 추위가 첫 아이를 잃은 부부의 슬픔을 더 깊어지게 하네요.**

아이의 관을 안고 가는 엄마의 눈에는 슬픔과 안타까움, 절망, 그리고 두려움이 함께 담겨 있습니다. 몸과 마음을 추스르기 힘든 아내를 부축하며 따라가는 아이의 아버지도 마찬가지입니다. 그나마 다행인 것은

니콜라이 알렉산드로비치 야로셴코Nikolai Aleksandrovich Yaroshenko,
큰아이의 장례식Funeral of Firstborn, 우크라이나 카르코프 미술관

저 뒤로 어슴푸레 태양이 떠오르고 있다는 것입니다. 그래도 내일은 내일의 태양이 뜨니까요.

> 애를 끊는 듯한 슬픔을 겪었지만 삶은 계속되는 것이지요.
> 눈 시린 푸른빛의 묘지 위에 떠오르는 태양의 노란빛이
> 실낱 같은 희망을 던져 주듯이요.

04

나 자신이 원망스러워요

가난

칼바람이 부는 길거리 벤치에 부부가 앉아 있습니다.
남편이 아코디언을 연주하며 노래를 불러보지만 아무도 관심이 없네요.
등 돌린 남자와 무관심한 여인이 있을 뿐입니다.
담요에 감싼 아이를 안고 있는 아내의 표정엔 근심이 어려 있습니다.
남편은 아내의 근심을 애써 모른 척하는 듯합니다.
잎이 다 떨어진 나무와 황량한 거리가
이 가족의 쓸쓸함을 더하고 있습니다.

마코프스키 그림 속 인물들은 보는 이로 하여금 연민의 감정을 불러일으킵니다. 이 작품의 주인공은 추운 겨울을 나야 하는 가난한 부부예요. 벤치에 앉은 부부의 모습이 애처롭습니다. 생각처럼 일자리를 얻는 것도, 돈을 버는 것도 쉽지 않았을 거예요. 아기를 안고 있는 여인의 얼굴에는 좌절감이 담겨 있고 눈에서는 생기마저 사라졌습니다. 걱정 많은 아내의 마음을 알지만 짐짓 모르는 척할 수밖에 없는 남편의 모습이 더욱 처량합니다.

마코프스키는 모스크바 출신으로 아버지는 미술품 수집가이자 모스크바 예술학교의 설립 멤버 중 한 명이었습니다. 부유한 가정 환경에서 자란 그는 초기 작품에서 다소 냉소적인 시선으로 당시의 관습과 윤리를 꼬집었습니다. 특히 러시아의 소도시를 배경으로 가난한 이들의 일상을 연민과 애정 어린 시선으로 그려내면서 사회적 문제에 대한 관심을 드러냈습니다. 그 후 가난하고 힘 없는 사회적 약자들에 대한 주제는 마코프스키 작품의 중요한 모티브가 되었지요.

우리나라뿐만 아니라 전 세계적인 경제 불황으로

블라디미르 마코프스키Vladimir Makovsky, 길거리에서At the Boulevard,
러시아 트레차코프 국립미술관

인해 어려움에 처한 사람들이 많습니다. 그 당시도 지금도 그림 속과 같은 상황은 쉽게 찾아볼 수 있습니다. 추운 겨울, 가난에 온몸과 마음이 얼어붙은 두 사람에게 희망의 작은 불씨가 남아 있을까요? 싸구려 술 한 잔으로 추위를 겨우 면한 남자의 공허한 시선이 불씨가 꺼져버린 앞날을 암시하는 듯 보입니다.

하지만 가난이라는 긴 터널도, 이 추운 겨울도 언제가는 끝날 거라는 걸 우리는 믿어야만 합니다. 내일은 오늘보다 더 나아지리라는 희망을 놓지만 않는다면요.

> 마음은 미래에 사는 것,
> 현재는 슬픈 것,
> 모든 것은 순간적인 것, 지나가는 것이니
> 그리고 지나가는 것은 훗날 소중하게 되리니.

05

아이도 나도 아파요

육아 스트레스

아이를 안은 엄마의 뒷모습이 힘겨워 보이는 것은 왜일까요?
손가락을 빨고 있는 아이는 생각에 빠진 듯 보입니다.
엄마는 표정은 감추고 있으나 속으로 울고 있을지도 모릅니다.
그 심정을 아는지 아이의 모습도 밝지만은 않은데요.
사랑하는 아이를 꽉 붙잡은 만큼이나
부모라는 무게에 지쳐 있을 수도 있습니다.

부모가 된다는 것은 힘들고 외로운 길입니다. 그

긴 여정에서 무엇보다 지치지 않는 것이 중요합니다. 그러기 위해서는 '스스로를 위로하는 법'부터 배워야 해요. 상담을 하다 보면 부모와 이야기를 나누는 것만으로도 아이가 불안감을 떨치고 안정되는 경우도 있어요. 어찌 보면 엄마, 아빠가 변하면서 아이 문제도 어느 정도 치유되는 것이지요. 미술 치료라고 하면 주로 문제 있는 아이들이 치료받는 것으로 생각하기 쉽지만 최근엔 부모들이 찾는 경우도 많아요. 치료, 정확히 표현하자면 위로가 필요한 건 부모일 수도 있습니다.

아이에게 최선을 다하지 않는 부모는 없어요. 아빠 뒤만 좇던 아이가 엄마랑은 떨어지지도 않으려 하고, 말 잘 듣던 아이가 언제부턴가 반항하고 옆집 아이보다 뒤처지는 것 같을 때 부모 마음은 아프기 시작합니다. 특히 엄마들의 스트레스가 만만치 않지요. 워킹맘은 직장에 다니느라 아이와 많은 시간을 보내지 못해서 미안하고, 전업맘은 늘 곁에 있는데도 아이를 다 이해하지 못해 안타까워합니다.

아이를 키우는 일은 부모 모두의 역할이 중요한데 실제로는 엄마가 할 일이 더 많고 아이에게 문제가 생겼을 때도 엄마 책임으로 돌리는 경우가 많습니다. 엄마가 짊어질 짐이 자꾸 쌓이고 무거워지는 거죠. 문제는 대처 방법을 모른다는 것입니다. 이러한 스트레스를 제대로 풀지 못하면 그 화살이 자녀에게 돌아가기도 합니다. 정작 위로가 필요한 부모가 위로를 받지 못해서 생기는 문제입니다.

메리 카사트Mary Cassatt, 엄마와 아기Mother And Child, 미국 신시내티 미술관

옛날에는 아이가 자다가 오줌을 싸면 동네를 돌며 집집마다 소금을 얻어 오게 했어요. 이는 아이에게 잘못에 대한 벌을 주려는 목적이 아닙니다. 그 관습의 숨은 의미는 '관심'입니다. 내 아이는 아니지만 이웃끼리 함께 위로하고 치유하자는 것이지요. 하지만 요즘은 이런 문제를 함께 나눌 이웃이 없습니다. 알려지면 수치라고 생각해서 가족끼리 꽁꽁 싸매고 숨기곤 하죠. 가족이라고 해봐야 부모와 자식뿐인데 결국 부모가 싸매고 있는 거예요. 모든 것이 부모 탓, 부모의 짐이 되니까 점점 더 무겁고 지치고 힘들게 되는 것이지요.

부모도 부모 역할이 처음이라 모든 것이 새롭습니다. 좌충우돌하고 실수하며 성장합니다. 가치관과 환경이 달라져서 부모의 부모 세대는 이제 멘토가 되지 못합니다. 정말 말 그대로 부모도 기댈 곳이 없는 것입니다. 육아 스트레스에 힘들어진 당신에게 당장 필요한 건 '나를 만나는 시간'이에요.

하소연할 대상이 없다면 스스로 힐링하는 법을 찾아보세요. 그림을 그리거나 책을 읽거나 여행을 떠나도 좋아요. 그러기 위해선 아이와 어느 정도 거리를 둬야 해요. 부모와 자식 간의 관계가 끈끈한 우리나라 정서상 부모는 자신의 희생을 당연시하기도 하지만, 이는 바람직한 자세가 아닙니다. 아이에 대한 기대치를 낮추고 아이가 어떻게 자신의 문제를 해결해 나갈 방법을 찾는지 지켜보세요. 아이들이 하고 싶은 걸 하게끔 옆에서 도와주는 역할 정도만 해주세요. 그래야 아이도 나도 한결 가벼워집니다.

> 아이가 행복하기 위해서는
> 부모가 우선 행복해야 해요.
> 부모는 아이에게 집과 같은 존재니까요.

06

마음을 다스릴 수 없어요

분노

흰옷 입은 여인이 검은 말을 타고 달립니다.
한 손으론 칼을 휘두르고, 다른 한 손에는 횃불을 들고 있습니다.
그 아래 시커먼 땅은 시체 더미로 뒤덮여 있습니다.
시신을 쪼아 먹는 까마귀들이 죽음의 그림자를 더욱 짙게 드리우는데요.
한차례 화마가 휩쓴 듯 나무는 숯처럼 검게 타들었고 구름은 붉게 물들었습니다.
한 뼘 녹색의 생기조차 완전히 사라진,
검은색과 붉은색만이 두드러진 풍경입니다.

이 작품의 제목은 '전쟁'입니다. 당시 독일어권에서는 전쟁과 죽음이 남성, 프랑스어권에서는 여성으로 그려진 데 비해 이 작품은 소녀로 전쟁을 형상화한 것이 눈에 띕니다. 그림 중앙의 얼굴을 찡그린 소녀는 마치 로마 신화에 나오는 전쟁의 여신 벨로나Bellona처럼 전쟁을 진두지휘하고 있습니다.

현대 사회는 치열한 경쟁으로 인해 전쟁터를 방불케 합니다. 그 안에서 가장 두드러지는 감정은 분노가 아닐까요. 일상생활에서도 대화 중간에 분노의 감정이 오가다 사건, 사고로 폭발하기도 합니다. 마치 전쟁으로 초토화된 그림 속의 폐허처럼 말이죠.

우리는 사회생활을 하면서 분노를 조절하는 방법을 터득합니다. 분노를 조절하는 방법은 사회, 문화, 개인적 특성에 따라 매우 다양합니다. 분노는 무시당할 때, 모욕당할 때, 상대방과 비교당할 때 등 여러 상황에서 일어납니다. 이런 감정이 들기 시작하면 심호흡을 하고 감정에 휩쓸리지 않으려 노력해보세요. 분노를 조절한다고 해서 무조건 표출하거나, 무조건 억누르는 것은 올바른 방법이 아닙니다. 한 번에 조절하기는 쉽지 않지만 꾸준히 노력하면 분노를 예방하는 데 어느 정도 효과가 있을 거예요.

분노를 조절 못해서 폭력을 가하거나 공격적인 태도를 보여서는 안 됩니다. 그렇다고 속으로만 계속 쌓아두면 스트레스가 깊게 남을 수 있습니

앙리 루소Henri Rousseau, 전쟁War or the Ride of Discord, 프랑스 오르세 미술관

다. 잠시 화를 식힌 뒤 이야기를 하는 것도 좋습니다. 통제하는 것이 중요합니다. 분노가 일어날 때 자리를 피하는 방법도 있습니다. 분노 조절을 위한 방법으로 명상, 요가, 예술 치료, 운동도 좋습니다. 평소에 적절하게 감정 분출과 표현을 하는 것이지요.

심리적인 안정이 가장 우선입니다. 되도록 긍정적인 생각을 하고 건강한 수면을 취하는 것도 분노 조절에 도움이 됩니다. 그럼에도 도저히 스스로 조절할 수 없다면 분노를 유발하는 상황에서 벗어나는 것도 한 방법입니다. 나 혼자서 조절하기 힘들다면 마음 터놓을 수 있는 주변인에게 도움을 요청하거나 전문가를 찾아가 치료를 받는 것이 좋습니다. 또한 감정 에너지를 생산적인 일로 전환할 수 있습니다. 신체적인 활동을 하면 건강한 에너지를 발산할 수 있고, 엔도르핀이라는 호르몬이 분비되어 스트레스가 완화됩니다.

> **쉽게 화내지 마세요.**
> **어떤 것도 해결할 수 없고**
> **오히려 모든 것을 망칠 수 있어요.**

07
───────────────────────────────   ───────────────────────────────
아름다워지고 싶어요   외모 콤플렉스

핑크빛 드레스를 입고 커다란 거울 앞에 선 여인이

거울 속에 투영된 자기 모습에 입을 맞추고 있습니다.

한껏 올린 턱 끝과

곧게 편 어깨,

꽉 조여진 허리에 걸친 손까지

모든 게 마음에 드는 듯

자신의 아름다움에 흠뻑 빠져 있습니다.

프랑스 화가 오귀스트 툴무슈는 자기애, 즉 자기에 대한 사랑이 강한 여인들을 즐겨 그렸습니다. 그림 속 여인도 자기애에 빠져 있는 걸까요? 자기애 성향이 강한 사람들은 이기적인 경우가 많아서 주변 사람들을 힘들게 하곤 합니다.

이 작품의 제목은 'Vanity'입니다. 허영, 오만, 자만, 자부심 등 다양한 의미를 지니고 있어요. 그림 속 여인 역시 자신의 외모에 대한 자부심이 엿보이고, 허영에 사로잡혀 외모에만 신경 쓰는 사람일지도 모릅니다. 자신의 외모에 도취되면 오만과 자만에 빠질 수도 있고요.

심리학적으로는 '후광 효과Halo effect'를 생각해볼 수 있습니다. 후광 효과는 미국의 심리학자 에드워드 손다이크Edward Thomdike가 처음으로 주목했던 심리 현상인데요, 어떤 사람의 특정한 부분이 매력적일 때 그 사람의 다른 부분도 긍정적으로 평가하는 인간의 심리적 특성입니다. 우리가 매력적인 외모를 가진 사람을 좋아하고 더 호의적으로 대하는 것이 이 때문이죠. 그런데 그 화려함에 가려진 공허함이나 진실하지 못한 부분을 놓칠 위험도 있어요.

작품 속 주인공을 어떤 모습으로 보느냐에 따라 '나'를 바라보는 시각이 어떤지 알 수 있습니다. '예뻐지기만 한다면 어느 정도 허영이나 자만을 가져도 괜찮지 않을까', '능력이 많은 여성이야'라고 느낄 수도 있어요. 이렇게 작품을 보며 다양한 상상을 해보는 것은 그림 감상의 또 다른 재미입니다. 즉 감상자의 시점에 따라 다양한 열린 해석이 가능한 것이죠.

오귀스트 툴무슈Auguste toulmouche, 자부심Vanity,
프랑스 장식미술 박물관

외모가 뛰어난 사람이 자존감도 높고 친절하다는 흥미로운 보고가 있습니다. 외모에 대한 자신감이 자존감을 높여주기 때문 아닐까요? 아름답고 싶은 욕망은 누구나 갖고 있어요. 하지만 자신과 타인에 대한 관심의 정도를 조절하는 것이 필요합니다. 특히 외모 콤플렉스는 다른 사람보다 자신에 대해 확대 적용하는 경우가 많아요.

너무 외모에만 치중한 나머지 자신의 내면을 돌보지 않는 경우도 문제입니다. 뚱뚱하지도 않은데 다이어트를 심하게 하거나 아무리 주위에서 아름답다고 해도 부족하다고 믿으며 성형 중독에 빠지기도 합니다. 외모에만 신경이 쓰인다면 그 상처가 어디에서 시작되었는지를 찾아보세요. 그리고 그 상처를 먼저 치유하고, 있는 그대로의 자신을 인정하는 연습이 필요합니다.

**자신을 사랑하세요.
당신은 이 세상에 유일무이한, 특별한 존재이니까요.
스스로를 존중할 때 타인에게도 존중받을 수 있어요.**

08   고민

걱정 때문에
잠도 오지 않아요

어두운 방 안에 촛불이 타오르고
한 여인이 촛불 앞에 고요하게 앉아 있습니다.
마리아 막달레나의 모습입니다.
턱을 괸 그녀의 표정이 깊은 생각에 잠긴 듯하네요.
무릎 위에 올려놓고 한 손으로 감싼 해골은 무엇을 의미할까요?
죽음을 생각하고 있는 걸까요. 아니면 생명을 생각하고 있는 걸까요.

조르주 드 라 투르는 17세기 프랑스 바로크 시대를

대표하는 화가로 이탈리아 회화의 조명법照明法에 영향을 받았습니다. 거짓과 속임수가 난무하는 세상의 일면을 꿰뚫는 풍속화와 경건한 신앙과 고요한 명상으로 이끄는 종교화를 주로 그려 생전에 인기가 많았어요. 이 작품에서도 불빛 앞에서 고요하게 앉아 있는 마리아 막달레나를 묘사하고 있습니다.

막달레나는 예수를 사랑한 여인입니다. 예수의 죽음과 부활을 모두 지켜봤으며 값비싼 향유로 예수의 발을 씻겼습니다. 그래서 막달레나는 진정한 사랑, 깊은 사랑을 상징하는지도 모릅니다. 그런데 막달레나가 한 손에 해골을 잡고 촛불을 응시하는 모습은 무엇을 의미할까요.

촛불은 자신을 태우며 주위를 밝히죠. 어두운 공간에 밝혀진 불빛 하나는 우리의 시선을 온통 그 빛이 있는 곳으로 모이게 합니다. 그림을 보는 이들이 빛에 집중할 수 있게 하지요.

살다 보면 자신의 의지와는 전혀 상관없이 위기가 닥쳐옵니다. 그 위기 앞에서 무너지지 않기 위해서는 '시간'이 필요합니다. 어떠한 압박이나 부담감 없이 냉정하게 자기 자신을 들여다보는 마인드 컨트롤이 필요하기 때문이지요. 해골을 쥐고 촛불을 바라보고 있는 순간이 바로 그 시간이 아닐까요?

조르주 드 라 투르Georges de la Tour, 회개하는 막달레나Repenting Magdalene, 프랑스 루브르 박물관

그러나 고민과 문제를 파고드는 과정 자체가 힘들 때도 많습니다. 그래서 미술 치료를 받으러 오는 경우가 많아요. 미술 치료를 받으면서 고민의 과정을 찾아낼 수 있으니까요. 자신의 고민이 무엇인지를 제대로 들여다보고 이 문제를 해결할 수 있는 사람은 오직 자기 자신이라는 사실을 잊지 마시기 바랍니다. 나의 한 손에는 죽음을 상징하는 해골이 들려 있을 만큼 힘들고 고통스러운 순간일 수 있으나, 결국 촛불 하나만으로도 환하게 밝힐 수 있는 시간이 올 거예요.

> 지금 힘든 시간을 보내고 있나요?
> 어둠이 짙을수록 별빛은 더 빛난답니다.
> 조금만 기다려 주세요.
> 나를 위한 좋은 시간이 곧 올 거예요.

그림, 마음을 만나다

빈센트 반 고흐

인생을
가장 멋있게 사는 방법은
가능한 한 많은 것을
사랑하는 것이다.

PART IV.

'나'와 화해하기

01

과거와 작별하라

새로운 시작

누군가를 떠나보낸 걸까요.

아니면 자신이 타고 떠날 배를 기다리고 있는 걸까요.

눈부시게 하얀 드레스를 입은 여인이 푸른 빛의 바다를 바라보고 있습니다.

양산을 쥔 그녀의 희고 고운 손은 검은색 레이스 장갑으로 더욱 돋보이네요.

잔잔한 바다 물결만큼 그녀의 표정도 겉으로는 고요해 보입니다.

이 매혹적인 풍경 속에 가벼운 설렘도 느껴진다면 저 멀리 연기를 뿜으며 다가오는 배 때문일까요?

이탈리아 고전주의 화가 비토리오 마테오 코르코스의 작품입니다. 제목인 '작별'에서 알 수 있듯이 그림 속 여인은 누군가를 떠나보내며 이별을 맞이한 것 같기도 하고요, 어쩌면 자신이 떠나기 위해 바다를 바라보고 있을 수도 있겠죠. 모든 작별은 아픕니다. 그러나 작별의 순간이 지나면 새로운 시작이 찾아옵니다. 그 시작 앞에 선 여인의 모습에서 청량하고 설레는 감정이 느껴지기도 합니다.

첫 시작에는 항상 설렘이 담겨 있어요. 무한한 가능성이 담긴 '처음'이라는 단어가 나의 꿈과 목표와 만날 때는 더욱 그러하겠죠. 하지만 그 과정의 끝을 서둘러 판단하고 걱정만 한다면 목표를 향해 달릴 수 없을지도 모릅니다. 원대한 목표나 치열한 성공 뒤에는 항상 처음이 있습니다. 그 처음을 기억하고 소중하게 생각할 줄 안다면 자신의 행복을 개척할 수 있는 사람일 것입니다.

또 처음의 설렘을 안고 원하는 삶을 향해 마라톤을 하기 위해서는 잠깐의 여유도 필요합니다. 먼 항해를 앞두고 장비를 가다듬는 시간이 필요한 것처럼, 항해

비토리오 마테오 코르코스Vittorio Matteo Corcos, 작별Farewell,
프랑스 외젠 부댕 미술관

중 비바람이 치거나 태풍이 불 때는 멈춰야 하는 것처럼, 우리도 틈틈이 숨 고를 시간을 가져야 쉽게 지치거나 넘어지지 않아요.

그리고 지금까지 그래왔던 것처럼 다시 힘을 내보세요. 시작 끝의 수확이 먼 미래처럼 보이겠지만 하루하루 최선을 다하다 보면 어느새 결승점에 다다른 나를 발견할 수 있을 거예요. 앞에 놓인 길을 두려워하지 말고 매일 조금씩 나아가보세요. 어제보다 조금 더 행복한 오늘, 그리고 멀리 내다보는 안목을 갖게 될 것입니다.

> **인생은 장거리 경주입니다.**
> **매일 즐거운 마음으로 달려보세요.**
> **힘들 때는 속도를 좀 줄이고, 천천히 심호흡을 해보세요.**
> **행복의 순간, 비상의 순간이 다가옵니다.**

02

내 인생의 주인공은 나

스스로 당당해지기

우아한 분위기의 여인이 편지를 읽고 있네요.

유리에 비친 그녀의 표정은 도도하고 여유로움이 가득합니다.

기분 좋은 설렘도 느껴지네요.

그녀는 이제 새로운 시작을 앞두고 있을지도 모릅니다.

누구도 범접할 수 없는 당당함으로 잘 헤쳐 나갈 것만 같습니다.

자신의 인생을 스스로 개척하는 멋진 주인공처럼요.

'왜 결국 공주를 구하러 오는 건 왕자인 걸까?'. 어린 시절 동화책을 볼 때마다 항상 이런 의문이 들곤 했습니다. 그리고 어째서 공주들은 자신을 구해준 왕자와의 결혼에 한치도 망설임이 없는 걸까요? 마치 그날만을 기다리며 살아왔다는 듯이 말이에요. 대부분의 동화 속 이야기는 악당을 물리치고 마법의 성에 갇힌 공주를 구해서 결혼하는 왕자의 이야기입니다. 시대가 달라지거나 나라가 달라져도 마찬가지죠. 심지어 공주들은 나라를 구한 영웅에게 전리품처럼 내려지는 경우도 흔하죠. 여기서 여성의 의견이나 선택은 전혀 찾아볼 수 없어요. 왜 이렇게 여성의 삶은 수동적으로만 묘사되어 온 걸까요?

최근에는 이러한 '전통적인 내용의' 동화가 어린아이들에게 그릇된 성 역할을 심어준다는 인식이 확산되고 있습니다. 기존 동화를 평등하게 각색하거나 아예 새롭게 현대적인 시각의 동화로 바꾸는 작업들을 많이 하고 있습니다. 어린아이들이 읽는 동화는 훗날 아이들의 젠더 인식에 영향을 미치기 때문에 아주 중요한 부분입니다. 그래서인지 요즘 애니메이션 속에는 활쏘기를 잘하는 공주, 부모의 성을 떠나 자신만의 성을 만드는 공주, 왕자와 동등하게 대결을 펼치는 공주 등 용감하고 씩씩한 공주들이 자주 등장합니다. 마음 여리고 사랑스러운 왕자들도 보이고 말이죠. 기분 좋은 변화입니다.

하지만 여전히 우리 사회는 여성이 활동하는 데 어려움이 많습니다. 여성들이 아직도 육아와 가사에 많은 시간과 신경을 써야 하는 주체인 탓

마리암 샤프Maryam Safe, 편지 읽는 여인Woman Reading Letter,
개인 소장

에 자유롭게 쓸 시간은 언제나 부족합니다. 게다가 우리의 전통문화에서 여성의 역할을 해내기란 쉬운 일이 아니고요. 동화 속 여성들의 이야기가 극적으로 바뀌듯 현실의 여성들의 모습이 바로 바뀌는 것은 아닙니다. 하지만 우리 모두의 노력이 있다면 점차 나아지겠죠.

> **백마 탄 왕자를 기다릴 필요 없어요.**
> **스스로 멋진 말을 타고 달려보세요.**
> **턱을 치켜들고 소리쳐보세요.**
> **"이제 왕자는 필요 없어!"**
> **내가 주인공이니까요.**

03

마음의 꽃꽂이

아름다움을
즐길 권리

새 화병에 꽃을 옮겨 담고 있는 여인을 보세요.
눈부시게 하얀 작약이 풍성합니다.
꽃을 꽂는 여인의 미소 띤 얼굴이 평화로운 느낌을 주는데요.
크고 풍성한 꽃들처럼 그녀의 앞날도 환하게 빛날 것만 같습니다.

지나온 인생이 모두 꽃길은 아니었을 거예요.
미처 피우지 못해 지나간 시절도,
스스로 꺾어버린 시절도,
시들어버린 시절도 그녀에게 있었을 겁니다.

그런 시간을 모두 견뎌낸 후에야
비로소 인생의 아름다움을 맞이한 게 아닐까요.
크고 아름다운 꽃이 피어난 것처럼요.

《어린 왕자》로 유명한 작가 생텍쥐페리는 이렇게 말했습니다. "난 언제나 나를 순수하게 해주는 곳으로 가고 싶다." 이 말을 알게 된 후 아름다운 것을 볼 때마다 그가 떠오르곤 하는데요. 아름답게 활짝 핀 꽃, 해맑게 웃는 어린아이, 푸르른 하늘빛, 아침에 지저귀는 새소리처럼 순수한 아름다움을 접할 때는 더합니다. 순수에 이끌리는 것은 어쩌면 우리 인간의 본성이 아닐까 하는 생각도 듭니다.

순수 하면 떠오르는 것들은 많아요. 그중 꽃을 이야기해보고 싶습니다. 꽃은 언제나 우리를 기분 좋게 만들어주는 존재죠. 먹을 수도 없고, 시들면 처치 곤란일 뿐인데도 말이에요. 사랑하는 이에게 꽃을 안겨주고 싶고, 특별한 날이면 꽃다발을 사게 되죠. 분명 꽃만이 지닌 특별하고 순수한 에너지가 있어서겠죠. 꽃이 아름다운 건 꽃망울을 터뜨리기 전 오랜 인내의 시간을 견뎌왔기 때문이 아닐까요?

우리 역시 어떠한 상황에도 좌절하지 않고 뚜벅뚜벅 나아가 활짝 꽃을 피웠으면 좋겠어요. 나의 인생에서 당당한 주인공이 되기를 바랍니다. 과

테오 반 리셀베르그Theo van Rysselberghe, 하얀 모란White Peonies,
개인 소장

거에 매달리지 말고 오늘과 내일을 더욱 소중히 여기며 살아가요.

누구나 시간이 지나면 자신이 태어난 둥지나 터전을 떠나야 하는 때가 옵니다. 이는 인간이 성장하는 데 피할 수 없는 상황이지요. 그러나 생텍쥐페리의 말처럼 '나를 순수하게 해주는 곳'으로 가고 싶어질 때도 있어요. 이는 어릴 적 순수함 속에 아름다움이 있다고 느끼기 때문 아닐까요? 어릴 적 꿈을 잃지 않으려는 마음, 어린아이처럼 작고 별거 아닌 것에도 감탄하고 기뻐하는 순수한 마음은 소중합니다.

오늘 집으로 돌아가는 길에는 나를 위해, 혹은 사랑하는 사람을 위해 꽃 한 송이를 준비해보는 것 어떨까요? 싱그럽고 맑은 향기로 빛나는 꽃을 보며 순수한 아름다움을 맘껏 느껴보세요.

> 새 화병에 꽃을 꽂으면 기분이 좋아집니다.
> 언젠가 아름답게 피어날 꽃처럼
> 우리의 내일도 활짝 피어날 거예요.

04

마음의 면역력을
키우는 시간

고요함을 즐기기

숲속 오솔길은 온통 가을빛으로 물들어 있습니다.
벤치에 앉은 여인의 시선이 저 멀리 걸어가는 사람들에게 머물러 있습니다.
검은색 옷을 입고 홀로 우두커니 남겨진 모습이 쓸쓸함을 자아내네요.
마음으로라도 붙잡고 싶은 심정일까요?
그녀의 마음을 모르는지 붉은 단풍은 눈이 부시도록 반짝이고 있습니다.
이제 완전히 혼자가 된 그녀의 모습이 처연해서 더욱 아름다운 풍경입니다.

한스 안데르센 브레데킬데Hans Anderson Brendekilde, 가을의 숲길Wooded Path in Autumn, 개인 소장

살다 보면 세상에 나 홀로 남겨진 듯 외롭고 쓸쓸한 마음이 드는 날이 누구나 있습니다. 우리가 홀로 남겨지는 상황은 자주 일어납니다. 사랑하는 사람과 이별해서, 질병으로 잠시 가족이나 친구들과 멀리 떨어져 있어야 해서, 학업이나 꿈을 위해 먼 곳으로 떠나게 되거나, 다니던 학교나 직장을 옮기게 되는 경우가 모두 이에 해당하지요. 어울리는 무리로부터 고립되거나 세상에 나를 이해하는 사람이 아무도 없는 것 같은 때에도 우리는 세상에 홀로 남겨진 듯한 고독에 맞닥뜨리게 됩니다. 혼자인 이 시간이 영영 끝나지 않을 것 같은 절망적인 기분에 사로잡히기도 하고요.

가끔은 혼자 있는 시간을 우리 스스로 일부러 만들 필요도 있습니다. 자신을 돌아보고 가다듬을 수 있는 소중한 시간이 되기 때문입니다. 곁에 있는 사람들의 소중함을 새롭게 깨닫게 되기도 하고요. 지금과는 다른 새로운 환경에 놓여졌다면 자신의 한계를 시험하고 잠재된 가능성을 발견하는 기회로 삼을 수도 있습니다. 이러한 경험들은 일상이 매너리즘에 빠지지 않도록 해주는 자극제가 되기도 합니다.

순수하게 자신의 내면을 들여다보는 시간은 중요합니다. 혼자 있는 시간 동안 경험하는 우울, 외로움, 슬픔, 고립감은 우리가 삶에서 무조건 피해야만 하는 정서가 아닙니다. 이 감정들을 겪고 나면 나중에 이러한 감정에 처한 사람들을 이해하면서 그들을 배려하고 도와줄 수 있습니다. 고독을 모르는 사람이 타인의 고독을 이해하기란 무척 어려운 일이기 때문이지요. 이런 시간을 딛고 일어난 사람들은 더욱 단단한 내면을 가지게 됩니다. 마음의 면역력이 강해진다고나 할까요.

아름다운 가을 풍경 속에 의연하게 앉아 있는 그녀는 어쩌면 혼자일 수 있어야 함께 있을 수 있으며, 헤어짐이 있어야 만남이 있다는 것을 이미 알고 있을지도 모릅니다. 그렇다면 그림 저편의 사람들은 어쩌면 사라지는 것이 아니라 그녀의 삶에 새로 등장하는 반가운 인연일지도 모르겠네요. 이제 그림 속 여인이 고독하게만 보이지는 않습니다.

> 혼자만의 시간을 가져보세요.
> 내 곁에 있어야 할 사람과 떠나보낼 사람을
> 알게 될지도 몰라요.

05

새로운 세계로의 첫걸음

숨고르기

매혹적인 푸른색 드레스를 입은 여인이 우아하게 책을 읽고 있습니다.
책 속으로 빠져들 듯 상체를 기울여 집중하고 있는데요.
새로운 세계를 발견한 듯 고개를 젖히며 감탄하는 그녀의 표정이 인상적입니다.
허리 아래로 아름답게 펼쳐진 드레스 자락은 곧 그 세계로 뛰어들 듯 역동적입니다.
어쩌면 그녀의 상상 속에서는 이미 새로운 세계로 들어갔는지도 모르겠어요.

그녀가 발견한 새로운 세계를 우리도 어디서든 발견할

수 있어요.

들꽃이 흐드러지게 핀 들과 강가, 그리고 그녀처럼 책 속에서 말이죠.

누구나 한 번쯤 실패라는 쓰라린 경험을 겪습니다. 어쩌면 지금 겪고 있을 수도 있겠네요. '왜 나는 안 되는 걸까', '이 길이 내가 원했던 길일까', '나는 지금 어디로 가고 있는 걸까' 등 실타래처럼 엉킨 고민 속에서 자괴감에 빠질 수도 있습니다. 이런 부정적인 사고에 사로잡히면 헤어나기 쉽지 않죠. 늪에 빠진 것처럼 무얼 해도 무기력하고 의욕도 떨어집니다. 새로운 기회가 찾아온다고 해도 실력 발휘를 못한 채 그 기회를 놓쳐버릴 수도 있습니다.

지금 여러분 중에도 품어왔던 포부를 이루지 못하고 체념한 채 그 자리에 주저앉아 있는 분이 있나요? 괜찮습니다. 실패해도 주저앉아도 괜찮습니다. 실패를 통해서만 얻어지는 것이 있고 주저앉았을 때야 비로소 눈에 보이는 풍경이 있기 때문입니다. 그동안 경주마처럼 시야를 좁힌 채 달려오기만 했던 자신에게, 잠시 숨고르는 시간을 선물해주는 것은 어떤가요? 한낮 벤치에 앉아 평화로이 길가에 핀 들꽃을 보거나, 맥주 캔 하나 들고 강가 산책을 나서거나, 혹은 그림 속 여인처럼 책 한 권을 읽어도 괜찮을 '숨고르는 시간' 말이에요.

충분한 숨고르기 후에는 낯선 세계를 향해 발걸음을 내딛어보세요. 새로운 세상은 자칫 낯설고 또 다른 실패에 대한 두려움으로 가득할 수 있습니다. '시작이 반이다'라는 말처럼 모든 사람에게 처음이 얼마나 어려운지 알 수 있지요. 하지만 그 이면에는 뭐든 처음이 어렵지 일단 시작하고 나면 이미 절반이나 해낸 것과 다름없다는 격려의 메시지도 담겨 있습니다. 그러니 미지의 세계에 대해 막연한 두려움을 갖기보다는 저 푸른 드레스의 여인처럼 새로운 세계에 첫발을 내딛으려는 유연한 마음을 가져보세요. 그렇게 한 발, 한 발 내딛다 보면 우리 모두 어느새 새로운 세계의 주인공이 되어 있지 않을까요?

지금 실패로 몸을 움츠리고 있다면 기지개 한번 쭉 켜고 새로운 앞날을 향해 나아갈 수 있는 신호로 받아들여보세요. 일단 한번 발을 내딛다 보면 움츠려 있던 내가 아닌 활기 넘치는 나의 모습을 발견할 수 있을 것입니다.

> 좌절의 순간은 언제나 찾아와요.
> 기지개를 쭉 켜 보세요. 그리고 발을 내딛어요.
> 앞에 길이 보이네요.
> 새로운 세상이 다가오네요.

존 화이트 알렉산더John White Alexander, 앨디어Alathea,
개인 소장

06

잠시 멈춰 서보아요

속도 조절

싱그러운 초록빛과 노란빛이 가득한 들판입니다.
산책을 나온 여인이 따뜻한 햇살 속에 잠시 멈춰 서 있는 모습이 한가로워 보입니다.
나무와 나란히 서 있는 모습에서는 안정감이 느껴지고 그 아래로 곧게 뻗은 두 개의 그림자는 홀로 서 있는 그녀의 외로움도 덜어주는 듯합니다.
가만 보면 그녀는 지금 앞치마를 바느질하고 있어요.

바쁜 삶 속 어느 순간에 뜯기고 상처 입은 나 자신을 보듬기 위해 잠깐 이런 멈춤의 시간이 필요하지 않을까요?

엄청나게 빠른 속도로 달리면 주위의 풍경이 둥글게 모여 하나의 점처럼 변한다는 것을 알고 있나요? 그렇게 되면 우리는 양쪽 눈 옆에 가리개를 차고 앞만 보며 달리는 경주마와 마찬가지일 것입니다. 우리 인생도 비슷해요. 너무 빨리 달리다 보면 주위 풍경은 하나의 점 속에 일그러져 녹아들고 아무것도 볼 수 없게 돼버리죠. 그렇게 되면 누구보다 빠르게 달려왔지만, 그 길에 무엇이 있었는지 놓쳐버릴 수밖에 없어요. 생각만 해도 아찔하지 않나요?

우리의 인생은 여행과도 같다고 하죠. 주위 풍경을 살펴볼 여유도 없이 빨리 달리기만 한다면 과연 무슨 의미가 있을까요. 급변하는 현대 사회에서 우리는 매일 더 빠르고 바쁘게 살아갈 것을 강요받습니다. 쉬지 않고 인생을 달려온 사람이 있습니다. 앞, 옆을 돌아볼 사이도 없이 무엇을 위해 달려왔는지도 모르게 하루하루 바쁘게만 살아왔지요. 이제 필요한 것이 바로 '숨고르기' 아닐까요?

물론 숨고르기를 한다고 해서 무작정 그 자리에 멈춰 서야 하는 것만은 아닙니다. 온종일 잠을 자거나 늘어지라는 말도 아닙니다. 단지 조금 일상의 속도를 조절하면 어떨까요. 너무 갑작스럽게 멈춰 서게 되면 우리는 달려온 속도만큼 저항을 받습니다. 그저 힘껏 밟고 있던 액셀러레이터에서 조금 힘을 풀자는 것입니다. 빠르게 달리는 차선에서 빠져나와 천천히 길가를 달리며 주위 풍경을 돌아볼 수 있는 여유를 갖자는 의미입니다. 자,

이제 무엇이 보이나요?

    속도를 늦추거나 잠시 멈춰 서는 것은 결코 퇴보가 아닙니다. 바짝 당겼던 긴장의 끈을 잠시 느슨하게 풀어보세요. 그동안 미처 보지 못했던 주위 풍경이 하나하나 눈에 들어오지 않나요? 빠르게 달려오느라 신경 쓸 겨를이 없었던 지나온 길들도 다시 돌아보세요. 그 안에서 뭔가 중요한 가르침을 찾게 될지도 모릅니다.

> 천천히 숨고르기를 해보세요.
> 자, 다시 나아가 볼까요?
> 이번에는 여유 있게 기분 좋은 속도로 말이에요!

시어도어 로빈슨Theodore Robinson, 지베르니의 바느질하는 여자Woman Sewing, Giveny,
미국 위치타 미술관

07

인생의 아름다운 변주곡,
사랑

또 다른 시작

하얗고 커다란 모란이 담긴 화병 가까이 한 여인이 앉아 있습니다.
그녀의 붉은 드레스에서 강렬한 에너지가 뿜어져 나오는 듯합니다.
아름다운 향기에 흠뻑 빠진 것일까요.
그녀는 지금 무엇을 느끼고 있을까요.
표정을 볼 수는 없지만 설렘과 기쁨, 행복이 고스란히 전해집니다.
그녀 앞에 새로운 시작이 펼쳐진 것 같아 덩달아 가슴이 뛰기도 하고요.
아마 그녀는 이제 막 사랑에 빠진 건 아닐까요?

처음 사랑에 빠진 순간을 기억하고 있나요? 그 사람에게 자꾸만 눈이 간다고 느꼈을 뿐인데 어느새 그의 일거수일투족에 신경 쓰고 있는 나를 발견하죠. 그 사람 생각만 하면 나도 모르는 사이 시간이 훌쩍 지나가 있고, 혼자서 이런저런 상상에 빠지기도 합니다. 길을 걷다 문득 웃음이 새어 나오기도 하고요. 이렇게 온종일 마음이 들뜨는가 하면 어느 날은 또 갑자기 이유 없이 눈물이 나기도 하고 그 사람의 태도 때문에 마음이 심란하기도 하지요. 그 낯설고 묘한 상태로 몰아넣는 것이 바로 사랑의 감정입니다.

이처럼 두렵고 초조하고 설레고 이상한 사랑의 감정만큼 천의 얼굴을 가진 감정이 또 있을까요? 사랑에 빠졌을 때 분비되는 호르몬인 도파민은 흔히 마약에 비유되곤 합니다. 실제로 사랑에 빠진 사람의 뇌 활동은 마약 중독자의 뇌와 놀라울 정도로 비슷합니다. 그러니 사랑에 빠진 기분을 '구름 위를 걷는' 듯한 느낌이라 표현하는 것도 과장은 아니겠지요.

사랑이 위대한 것은 우리에게 새로운 에너지를 불어넣어 지금까지와는 전혀 다른 존재로 변화시키기 때문이닐까요. 사랑에 빠진 사람이 연인과 함께하기 위해 새로운 취미에 재미를 붙인다거나 무뚝뚝한 사람이 환하게 웃는 얼굴로 바뀐다거나 하는 모습을 우리는 주위에서 종종 볼 수 있습니다. 이처럼 사랑은 그 사람만 있으면 뭐든 해낼 수 있을 것 같은 기분에 도취하게 하지요. 그 마음이 실제로 뭐든 가능하게 만드는 에너지가 되

기도 하고요.

　이렇게 세상에서 가장 강력한 에너지가 바로 '사랑'입니다. 막 시작된 사랑을 조금 다르게 표현해보면 '매일 똑같이 반복되던 일상을 훌륭하게 변주하는 연주자'라고도 할 수 있지 않을까요? 이런 새로운 변주곡에 뛰어들기 위해 우리가 할 일은 우리에게 찾아온 사랑을 온몸으로 맞는 것뿐일 거예요. 사랑은 하는 것이 아니라 '빠지는 것'이라고 합니다. 사랑에 빠져버린 이상, 이 에너지로 완전히 새로운 나날들을 만들어 보는 건 어떨까요? 이런 순간은 자주 찾아오지 않으니까요.

> 사랑의 황홀경을 즐기는 것!
> 인생 최고의 행복이 아닐까요?
> 사랑이 찾아오면 겁먹지 말고 흠뻑 빠져보세요.

윌리엄 메릿 체이스 William Merritt Chase, 작약꽃 Peonies,
미국 테라 재단

행복한 기억의 힘

나로부터의 치유

핑크빛이 화면 가득 스며들어 있습니다.
무희가 입고 있는 핑크빛 드레스와 핑크빛 토슈즈,
그 뒤로 보이는 커튼과 화장대의 테이블보까지 모두 핑크빛을 머금고 반짝입니다.
핑크는 행복하고 천진난만한 색상입니다.
무대를 오르기 전, 립스틱을 바르는 무희의 마음을 표현한 것일까요.
곧 마주할 관객들의 환호를 상상하며 행복해하는 그녀의 마음이 느껴집니다.

이 그림을 보고 있으면 마음이 따뜻하게 녹는 듯합니다. 여러분의 마음 속에는 어떤 행복의 기억이 자리 잡고 있나요?

처음에는 그림 속 여인이 행복하고 천진난만한 여성으로 보입니다. 그 이유는 핑크라는 색의 효과 때문입니다. 핑크는 행복 또는 여성스러움을 상징합니다. 여자라면 누구나 엄마 화장대에서 립스틱을 몰래 발라본 경험이 있을 것입니다. 어린 시절의 즐거운 추억입니다. 그래서 이 그림을 보면 행복한 기분이 되는 것입니다.

어릴 땐 빨리 어른이 되고 싶었지만, 막상 어른이 되고 나면 어린 시절로 돌아가고 싶어지는 것이 참 이상합니다. 아마도 그 시절엔 지금과 같은 어른의 책임도, 무거운 삶의 무게도 없었기 때문이겠지요. 인생의 나날에서 트라우마나 깊은 상처, 힘든 시간을 이겨내는 가장 강력한 힘은 행복한 기억입니다. 행복의 기억은 우리 내면의 중심부에서 끊임없이 따뜻한 빛을 내며 어둠을 몰아내기 때문이죠. 힘들 때마다 어린 시절의 행복한 기억들이 떠오르는 것은 어쩌면 당연한 일일지도 몰라요. 극심한 스트레스 상황 속에서 많은 이들이 유아 퇴행 증상을 보이는 것도 이와 같은 맥락입니다. 우리 몸이 자체적으로 어린 시절로 시간을 되돌리는 기죠. 그때가 우리의 가장 단순하고 즐거운 본래의 상태인 까닭입니다.

어린 시절 기억이 우리 가슴 한구석을 따뜻하게 데우는 것은 아마도 그 시절이 다시는 돌아오지 않는다는 것을 잘 알고 있기 때문일 수도 있습니다. 그러나 행복한 사람은 여전히 아이 같은 마음을 간직하고 있는 것 같습니다. 좋아하는 일에는 시간 가는 줄 모르게 빠져 있고, 자신의 감정에 솔직하게 울고 웃으며 매일매일 새로운 기대에 가득 차 있다는 점에서 말입니다. 반드시 어린 시절의 기억이 아니더라도 우리를 웃음 짓게 만드는 기억은 많을 겁니다. 혹시 아이스크림을 처음으로 먹었던 때를 기억하나요? 이처럼 행복은 아주 사소한 것일 수도 있어요.

> 나를 있게 한 무수한 기억들이
> 우리를 지탱한다는 것을 잊지 마세요.
> 어린 시절의 행복한 추억도
> 사랑하는 이와의 아름다운 순간도
> 우리 가슴 속에서 사라지지 않고 치유의 빛을
> 내고 있답니다.

프레데릭 칼 프리스크 Frederick Carl Frieseke, 무대에 오르기 전 Before Her Appearance, 미국 커머 예술 박물관 & 정원

09

상처받지 않은
삶은 없어요

나와의 화해,
타인과의 화해

고개를 숙인 여인이 상념에 잠겨 있습니다.
깊은 상처가 그녀를 할퀴고 지나갔는지도 모르겠어요.
고요히 멈춘 그녀를 위해 바람도 구름도 풀들도 잠시 멈춰 선 듯합니다.

    트라우마는 이성과 감성의 균형을 깨뜨립니다. 그 결과 이성적 사고가 어렵게 되면서 자신의 순간적 감정에 휘둘리게 되는 것이죠. 일상은 차츰 망가지고 결국 상처받은 나 자신에게 매몰되어 아무것도 보지 못하게 됩니다. 그림 속 여인처럼 잠시 멈춰서 나를 돌아보는 시간이 필요합니다. 고요한 이 그림을 들여다보며 우리 역시 잠시 숨을 고르고 사색의 시간을 가질 수 있을 것입니다.

우리는 누구나 상처를 안고 살아갑니다. 상처받지 않은 삶이 어디 있을까요? 그 상처의 크기가 클 수도 있고 작을 수도 있습니다. 상처를 준 사건이 간단할 수도 있고, 복잡한 것일 수도 있습니다. 평생 절망이라는 이름으로, 버거운 삶의 무게로 다가올 수도 있습니다.

그러나 한 가지 분명한 것은 내가 겪고 싶어서 겪은 것도 아니고, 또한 트라우마로 남아서 상처가 될 것이라 예상도 못했다는 것입니다. 나 자신이 인지하지도 못하는 순간 갑자기 닥친 것입니다. 저는 많은 사람들이 수많은 상처들을 깊숙이 혼자 감추어 놓았다가 힘겨워하는 것을 많이 보아왔습니다. 상처받은 자신의 감정과 아픈 기억들을 꺼내 흘려보내려는 시도조차 하지 않는 사람들도 많습니다. 그런 사람들의 일상은 항상 불안하고 불안정할 수밖에 없습니다.

심리적, 정서적 안정을 되찾기 위해서는 용기가 필요합니다. 무조건 시간만 지난다고 해결되지는 않습니다. 나만의 깊은 상처를 직면하고 나 자신과의 화해가 필요하다고 말해주는 사람이 주위에 없다 보니 계속 억누르고 참으며 살아가게 됩니다.

억제한 기억들은 나도 모르는 사이 스스로를 병들게 하고 삶을 온통 흔들어 놓기도 합니다. 그렇게 억압된 감정이 '한'으로 남아 있다고 하는 분들도 많습니다. 감정을 자제하지 말라는 이야기가 아닙니다. 감정을 절제하고 인내하는 것과 억누르고 힘겨워하는 것 사이에는 큰 차이가 있습니다.

충격적인 사건을 겪고 나면 마음속 한구석에서 엄청난 감정의 소용돌이가 휘몰아칩니다. 그러면서 나에 대한 자책감으로 하루하루 힘겹게 버티기 시작합니다. 그러다 결국 나 자신을 용서할 수가 없는 지경에 이르게 됩니다. 나를 위로하고 돌보아야 하는데 오히려 자책감으로 힘겨워합니다. 그럴 때는 마음의 상처를 들여다봐야 합니다. 그리고 내 잘못이 아니었다고 내 자신에게 사과해보면 어떨까요. 내 자신을 용서하고 화해하는 데도 큰 용기가 필요합니다.

> 나와의 화해가 필요합니다.
> 나의 상처를 어루만지고 위로해주는
> 진심 어린 나와의 화해가 필요한 때입니다.
>
> 자신이 진정 무엇을 원하고 있는지,
> 내 안의 순수한 어린아이에게 손을 내밀어야 합니다.
> 그리고 긍정적으로 분노를 표출해야 합니다.
> 마음 깊숙한 곳의 해결하지 못한 부정적인 감정들을 표출해야 해요.

쉽게 말하면 독소의 배출이라고 할 수 있지요.
상처를 준 그 사건 이후의 나를 똑바로 마주할 필요가 있습니다.
그것은 내 잘못이 아니었음을 인정하세요.
일상으로 나아가기 위해 용기를 내세요.

나와의 화해가 이루어졌으면 타인과의 화해도 필요합니다.
내 상처가 너무 크면 다른 이들의 상처를 어루만질 수도 없습니다.
내 주변인들과도 이해와 공감이라는 화해를 해야 합니다.
그것을 받아들일지 아닌지는 온전히 그들의 몫입니다.

상처가 아물고 나와 화해를 하고 나서 행복을 경험하시기 바랍니다.
가끔 나만 행복해도 되는 건지,
나만 이런 감정을 느껴도 되는 건지를 물어보기도 합니다.
행복한 것은 미안한 일이 아닙니다.
오히려 행복해지기 위한 연습을 해야 합니다.

그동안 너무 마음 아팠던 당신.
마음껏 행복하시기 바랍니다.

루돌프 바허Rudolf Bacher, 카실리아 메텔라의 무덤The Tomb of Caecilia Metella,
오스트리아 벨베데레 미술관

ⓒ Alberto Giacommetti / ADAGP, Paris – SACK, Seoul, 2016
ⓒ René Magritte / ADAGP, Paris – SACK, Seoul, 2016
ⓒ Marc Chagall / ADAGP, Paris – SACK, Seoul, 2016

이 책에 사용된 일부 작품은 SACK을 통해 ADAGP와 저작권 계약을 맺었습니다.
저작권법에 의하여 한국 내에서 보호를 받는 저작물이므로 무단 전재 및 복제를 금합니다.
저작권자를 찾지 못하여 게재 허락을 받지 못한 작품에 대해서는 저작권자가 확인되는 대로
게재 허락과 계약 절차를 밟도록 하겠습니다.

화해 그림, 마음을 만나다

개정판 1쇄 발행 2022년 12월 15일
초판   5쇄 발행 2018년 10월 22일

지은이   김선현
발행인   손은진
개발책임   조현주
개발   김민정
제작   이성재 장병미
디자인   김아름
발행처   메가스터디㈜
출판등록   제2015-000159호
주소   서울시 서초구 효령로 304 국제전자센터 24층
전화   1661-5431   팩스 02-6984-6999
홈페이지   http://www.megastudybooks.com
출간제안/원고투고 writer@megastudy.net

ISBN 979-11-297-0843-4 03320

이 책은 메가스터디㈜의 저작권자와의 계약에 따라 발행한 것이므로
무단 전재와 무단 복제를 금지하며, 이 책 내용의 전부 또는 일부를 이용하려면
반드시 저작권자와 메가스터디㈜의 서면 동의를 받아야 합니다.
잘못된 책은 구입하신 곳에서 바꾸어드립니다.

메가스터디BOOKS

'메가스터디북스'는 메가스터디㈜의 출판 전문 브랜드입니다.
유아/초등 학습서, 중고등 수능/내신 참고서는 물론, 지식, 교양, 인문 분야에서 다양한 도서를 출간하고 있습니다.